本书是国家社科基金项目（16BGL059）研究成果

货币政策对企业财务非对称性传导效应研究

黎　春◎著

西南财经大学出版社

中国·成都

图书在版编目(CIP)数据

货币政策对企业财务非对称性传导效应研究/黎春著.—成都:西南财经大学出版社,2023.10

ISBN 978-7-5504-5583-2

Ⅰ.①货…　Ⅱ.①黎…　Ⅲ.①货币政策—影响—企业管理—财务管理—研究　Ⅳ.①F275

中国版本图书馆 CIP 数据核字(2022)第 194400 号

货币政策对企业财务非对称性传导效应研究

HUOBI ZHENGCE DUI QIYE CAIWU FEI DUICHENXING CHUANDAO XIAOYING YANJIU

黎春　著

策划编辑	高小田
责任编辑	高小田
责任校对	雷　静
封面设计	墨创文化
责任印制	朱曼丽

出版发行	西南财经大学出版社(四川省成都市光华村街55号)
网　　址	http://cbs.swufe.edu.cn
电子邮件	bookcj@swufe.edu.cn
邮政编码	610074
电　　话	028-87353785
照　　排	四川胜翔数码印务设计有限公司
印　　刷	郫县犀浦印刷厂
成品尺寸	170mm×240mm
印　　张	10
字　　数	190 千字
版　　次	2023 年 10 月第 1 版
印　　次	2023 年 10 月第 1 次印刷
书　　号	ISBN 978-7-5504-5583-2
定　　价	68.00 元

前　言

　　货币政策是政府基于特定目标，对宏观经济进行干预和调控的重要手段之一，但20世纪经济大萧条时期，宽松型的货币政策并没有阻止危机的蔓延，对经济没有表现出显著的刺激作用，学术界开始意识到货币政策存在不对称性。最初，研究着重于货币政策效应在影响方向上的非对称性，进而扩展到货币政策效应的区域非对称性、货币政策的行业非对称性与货币政策在不同经济周期的非对称性等方面。

　　此外，货币政策传导渠道的有效性也是经典的研究问题，到底是货币渠道还是信贷渠道有效，目前的研究结论不一。我们认为两类渠道并非相互排斥的。一般理论认为，在金融市场发展程度低、间接融资占主导的情况下，信贷渠道的作用明显；在金融市场进一步成熟，企业的融资渠道丰富，直接融资占比增加，市场化程度提高的情况下，则货币渠道尤其是利率渠道将更有效。目前，我国金融市场正处于发展转型时期，近期的研究显示货币渠道与信贷渠道都有效，只是不同渠道的影响效应有不同表现，因此货币政策传导渠道同样具有不对称性。关于货币政策非对称性与传导渠道有效性的研究成果丰富，但纵观这类研究，其研究视角基本都落脚于宏观经济变量，诸如国内生产总值、工业产值、经济增速、价格等，以及以宏观经济指标的波动来考察货币政策的影响效应，可以说它们都同属于货币政策宏观效应的研究范畴。

　　另外，财务会计界的学者们关注到货币政策对企业财务行为有显著的影响，并已形成了丰富的研究成果，普遍证明了货币政策对企业财务具有显著的效力，影响主要通过利率调整和融资两条路径发挥作用。微观企业是国民经济活动的主体，其经济行为与宏观经济状况息息相关，宏观经济政策的调控作用最终都将落脚于对微观企业活动的影响。因此，我们认为考察货币政策对微观企业的影响，这属于货币政策微观效应的范畴。目前，越来越多的研究证实对于不同产权性质的企业，货币政策具有不同的效应，同时还会受到企业所处的外部经济制度环境影响，一个地区的金融市场发育水平、经济运行状态、市场化程度都会影响经济政策对微观企业产生的效应。可以说，货币政策的微观效应同样具有非对称性。

综上所述，从作用的对象来说，货币政策的影响效应可以区分为宏观效应与微观效应，两种影响效应都表现出了丰富的非对称性。但比较而言，从企业财务波动的视角对货币政策微观效应的研究还相对有限，主要表现在：一是目前这类研究更着重于证实货币政策对企业某一类财务行为的影响显著与否，较少从全局的角度考察在货币政策冲击下，企业的各类财务能力的波动幅度与时限差异；二是这类研究也较少涉及区分货币政策的传导渠道，因此缺乏微观效应下货币政策传导渠道的有效性与非对称性的讨论；三是从研究方法上说，这类研究主要通过回归模型考察货币政策变量的系数显著与否、大小及其方向，而较少从整体的、动态的视角来检验货币政策对企业财务水平的冲击效应，因此难以反映与比较货币政策的冲击程度与影响期限。

正是基于以上分析，本书旨在从企业各类财务波动的视角，对货币政策传导的微观有效性与非对称性展开研究，研究内容主要包括四个方面：一是货币政策传导渠道对企业财务的有效性与非对称性；二是产权性质背景下，货币政策对企业财务传导效应的非对称性；三是制度环境背景下，货币政策对企业财务传导效应的非对称性；四是经济制度环境因素对货币政策微观效应非对称性的影响作用。

本书既是一个经济学与管理学的交叉研究项目，也是一个宏观、微观研究问题，我们试图在以下方面做出贡献：

（1）拓展货币政策影响效应的研究领域，提出基于企业财务波动的货币政策微观效应研究。企业作为国民经济运行的主要组成部分，是货币政策实施的基础，其财务特征也是宏观经济状况的微观反映，因此对货币政策的微观效应研究，是对货币政策有效性的进一步论证。

（2）丰富货币政策非对称性的研究。本书从货币政策传导渠道、企业不同财务特征、企业不同产权性质及企业不同外部制度环境，多维度地对货币政策微观效应展开分析，因此对货币政策的非对称性效应进行了更深入与更全面的揭示。

（3）建立多层次的研究数据与模型。由于研究对象货币政策与企业财务的宏观、微观属性，本书一方面通过构建上市公司财务指数，突破企业财务的微观属性，进而从总体层面采用宏观数据建立了 VAR 模型与脉冲响应函数，考察货币政策对企业财务动态的、整体的冲击效应；另一方面，基于企业个体层面，采用微观数据建立面板模型，以微观数据研究补充宏观层面研究，多角度地实证检验以使研究结论更充分可靠。

本书将货币政策宏观效应的非对称性拓展至货币政策的微观效应非对称性，同时也论证了我国货币政策两类传导渠道的微观有效性与非对称性，并基于经济制度环境视角，从我国省域层面探讨了货币政策对微观企业的非对称性的影响因素，为货币政策区域非对称性的研究提供了微观视角下的经济解释。本书的研究对理解我国货币政策对微观企业的经济效果也具有较好的启示意义。

本书的研究得到了国家社会科学基金一般项目（16BGL059）的支持，同时本书的出版得到西南财经大学"中央高校基本科研业务费专项资金"项目（JBK2104013）资助。在本书的研究过程中，高雅硕士、彭星硕士和肖雅丹硕士等也积极参与了一些研究工作。本书的出版也离不开西南财经大学统计学院的支持，以及西南财经大学出版社的支持与高小田编辑的细致工作。在此一并致谢！

本书的内容是从企业财务波动视角对货币政策微观效应研究的一个尝试，由于笔者能力与水平有限，本书不可避免地会存在疏漏，竭诚希望相关专家学者和读者朋友批评指正，提出您的宝贵意见，以便我们进一步补充完善，取得更大进步！

黎春

2022 年 8 月

摘　要

　　基于企业财务的波动，本书深入挖掘了货币政策微观效应的非对称性效应表现及其原因，这一非对称性是置于产权性质和制度环境双重背景下，并从货币政策的两类传导渠道出发的，以此从总体的、动态的层面考察货币政策对企业各类财务水平的非对称性传导效应。具体来说，本书的主要研究目标为：①论证货币渠道与信贷渠道之于企业财务的微观有效性与非对称性；②考察产权性质下货币政策的微观效应非对称性；③考察制度环境下货币政策的微观效应非对称性；④探讨制度环境对货币政策微观效应区域非对称性的影响机理。

　　本书的内容主要包括以下部分：

　　第1章是总论。该章节主要阐述了整个研究的背景。

　　第2章是货币政策传导与企业财务波动：传导的微观有效性与非对称性。

　　第3章是基于企业产权性质的货币政策微观效应非对称性研究。

　　第4章是基于经济环境制度的货币政策微观效应的区域非对称性研究。

　　第5章是结论与建议。

　　本书对货币政策微观效应的非对称性研究，具有良好的学术价值与现实经济意义：第一，基于企业财务波动，将货币政策宏观效应的非对称性拓展至货币政策的微观效应非对称性，丰富了"货币政策非对称性"领域的研究内容；第二，从货币渠道与信贷渠道进行货币政策微观效应的研究，不仅进一步论证了我国货币政策两类传导渠道的微观有效性，同时也考察了两类渠道存在的非对称性表现；第三，在产权性质与制度环境双重背景下，讨论货币政策对企业财务行为的影响，不仅丰富了现有货币政策与企业财务的研究内容，同时也为货币政策的微观效应非对称性进行了更为细致深入的探析；第四，基于经济制度环境视角，从我国省域层面探讨了货币政策对微观企业的非对称性的影响因素，丰富了货币政策区域非对称性研究内容，也为货币政策区域非对称性的研究提供了微观视角下的经济解释。

　　本书对理解我国货币政策对微观企业的经济效果具有重要的实践意义，其研究结论将为政府制定更有针对性的政策提供可靠依据，同时也将促进金融机构行为方式的调整，有助于推进我国市场化经济的进程。

关键词：货币政策；微观效应；财务指数；货币渠道；信贷渠道；传导效应；非对称性；产权性质；利率渠道；融资约束；区域效应；SVAR 模型；MCSGVAR 模型；脉冲效应分析

目　录

1 总论

1.1 研究背景

　　货币政策是政府基于特定目标，对宏观经济进行干预和调控的重要的工具，受到了学术界与实务界广泛的关注与持续的研究，货币政策的传导渠道、货币政策的影响效应、货币政策的中介目标等都是经济学中经典的研究问题。其中，对货币政策影响效应的大量研究发现，统一的货币政策在不同的区域、不同的行业、不同的实施对象等方面都存在着非对称性。货币政策的非对称性效应直接影响了货币政策的实施效果，导致调控效果偏离了目标，降低了货币政策的实施效率。因此，研究货币政策的非对称性表现及其原因，对深入理解货币政策传导、准确评估货币政策效果和提高货币政策有效性，都有重要的意义。

　　另外，微观企业是国民经济活动的主体，其经济活动与宏观经济状况密切相关，宏观经济政策的调控作用最终都将落脚于对微观企业活动的影响。因此，考察货币政策的非对称性与有效性有必要从货币政策的微观效应入手。基于此，本书通过企业财务波动的视角，考虑在货币政策传导的货币渠道与信贷渠道机制下，论证货币政策传导的微观有效性及非对称性，以及在产权性质与制度环境背景下，货币政策的非对称性。因此，本书属于货币政策微观效应的研究，涉及货币政策非对称性、货币政策传导、货币政策与企业财务等研究领域，是一个经济学与管理学交叉的研究命题。

1.1.1 货币政策的非对称性

　　1929 年的经济危机时期，宽松的货币政策并没有阻止危机的蔓延，对经济没有表现出显著的刺激作用，学术界开始意识到货币政策存在不对称性。

　　最初，学者着重研究货币政策在紧缩性和扩张性方向上的差异性，1936

年凯恩斯就提出了"流动性陷阱"理论，后续大量学者基于实证研究对这一观点进行了论证，均得到了宽松性货币政策较紧缩性货币政策的效果有限的结论（Cover，1992；Morgan，1993；Mortensen，1994；Karras，1996；Ravn，2004；Florio，2005；Barnichon et al.，2017）。在我国，货币政策效应在方向上也具有相似的不对称性（赵进文 等，2004；陈丰，2010；王元，2012；陈浪南 等，2018）。随着研究的深入，货币政策的非对称性研究内容又有了拓展，主要还包括了以下几个方面。

货币政策效应的区域非对称性。依据蒙代尔提出的"最优货币区"理论，学者们意识到货币政策效应存在着区域差异。Garrison（1979），Owyang 和 Wall（2004），Fielding 和 Shields（2007）的研究均显示美国的货币政策对不同区域存在差异化的影响作用；Belke 和 Gros（2005），Clausen 和 Hayo（2006），Adam 和 Jakob（2009）等也证实欧盟地区货币政策效应存在区域不对称性。在我国区域经济发展失衡的背景下，国内学者于则（2006）、丁文丽（2006）、曹永琴（2007）、郭晔（2011）、张红和李洋（2013）、黄佳琳和秦凤鸣（2017）等基于不同的研究思路与方法，均发现了我国货币政策影响作用存在显著的区域不对称性，并对其影响因素进行了不同角度的剖析。

货币政策效应的行业非对称性。学者关注到统一的货币政策对不同行业的调控程度存在显著差异。Ganley 和 Salmon（1997）分析了货币政策对英国的行业影响，发现各行业对货币政策的敏感性表现不一。Hayo 和 Uhlenbrock（1999）基于德国的行业研究，认为行业的资本和要素的密集程度是各行业对货币政策具有不同反应的原因。国内的研究也普遍证明我国货币政策同样具有行业非对称性（戴金平 等，2006；闫洪波 等，2008；曹永琴，2010；张淑娟 等，2016）。

关于货币政策效应在不同经济波动阶段的非对称性，研究认为扩张性货币政策的冲击作用，在经济萧条阶段与经济状态的相关性较低，没有在经济繁荣阶段紧缩性货币政策的效应明显（Thoma，1994）。Peersman 和 Smets（2001），Kuzin 和 Tober（2004）等的研究也发现在经济增长缓慢时期，货币政策效应更加显著。国内学者中陈建斌（2006），刘金全等（2009），李颖等（2010），卢盛荣和李文溥（2013），吴锦顺等（2020），陈创练等（2020），也分别讨论了基于不同经济增速，或不同通货膨胀水平下，或不同金融压力下，货币政策效应存在的不对称性。

1.1.2 货币政策传导的有效性

经济理论认为，货币渠道和信贷渠道是货币政策传导的两条基本路径，货币渠道主要影响金融机构的负债端，通过对利率的调节，传导到实体经济产出；信贷渠道则影响金融机构的资产端，通过影响社会信贷资金规模，传导至实体经济产出。

在货币政策传导中，关于货币渠道与信贷渠道是否有效，研究者们进行了大量研究并得出了不同的观点。Kashyap 和 Stein（1993，2000），Lown 和 Morgan（2002）认为货币政策传导的信贷渠道显著存在。Favero 等（1999）研究发现当欧洲各国货币当局紧缩银根后，市场的信贷水平并未发生显著变化，因此认为信贷渠道并不显著。Ramirez（2012）基于欧洲的经济数据，发现利率是货币政策的主要传导渠道，信贷渠道只是部分政策调控过程中的间接途径。Morris 和 Sellon（1995），Oliner 和 Rudebusch（1995，1996），Ariccia 和 Garibaldi（1998）也得出了相似的结论。Bernank 和 Blinder（1988，1992）的研究则显示货币渠道和信贷渠道都具有传导作用，他们证明了相对其他资产价格（利率），联邦基金利率对未来宏观经济变化最具解释力，是反映货币政策的最佳指标。

国内学者对货币传导机制的研究结论，也基本符合以上三种情况：一是认为货币渠道是我国货币政策的主要传导路径（陈飞 等，2002；孙明华，2004；邓永亮 等，2010）；二是认为我国货币政策的主要传导路径是信贷渠道（王国松，2004；蒋瑛琨 等，2005；赵振全，2007；陈青青，2010；陈奕丹，2019）；三是认为我国货币渠道与信贷渠道都有传导作用，但作用时间长短与变化趋势有差异（周英章 等，2002；盛朝晖，2006；宋旺 等，2010；田祥宇 等，2012；刘骁毅，2013；战明华 等，2018；任泽平 等，2019）。

我们认为货币渠道与信贷渠道并非相互排斥。一般理论认为，货币渠道的有效性有赖于利率传导机制与市场化的金融体系，信贷渠道的畅通则对金融体系的市场化程度要求相对较低（盛松成 等，2016）。因此，在金融市场发展程度低、间接融资占主导的情况下，信贷渠道的作用明显；在金融市场进一步成熟，企业的融资渠道丰富，直接融资方式占比增加，市场化程度提高的情况下，则货币渠道尤其是利率渠道将更有效。目前，我国金融市场正处于发展转型时期，近期的研究显示货币与信贷渠道都有效，只是不同的渠道对货币政策的传导效应不同。因此，在目前我国的金融市场发展水平下，以信贷渠道为代表的数量化渠道效应强于利率渠道，但随着利率市场化的推进，利率渠道的作用会凸显，信贷渠道的作用将减弱（战明华 等，2018）。并且，互联网金融和数字金融的发展也在一定程度上增强了货币（利率）渠道的效应（战明华 等，2018，2020）。任泽平 等（2019）认为信贷渠道尽管效率有所下降，但是仍然重要，利率渠道有效性略低但有效性在增强。

1.1.3　货币政策微观效应

从货币政策的影响效应测度来讲，上述不论是货币政策的非对称性研究，还是货币政策传导渠道有效性研究，绝大部分的文献都立足于宏观经济变量的反应，从诸如经济总产出、经济增速、物价水平等宏观经济变量的波动来考察货币政策的效应；因此，它们都属于货币政策的宏观效应研究范畴。

近年来越来越多的国内学者关注到货币政策的微观效应，大部分的研究文献主要从货币政策对微观企业财务行为、财务特征的影响这一视角展开，有学者认为此前有关此类问题的研究不足"主要是源于研究微观企业行为的财务会计学术界与研究宏观经济的经济学术界之间的割裂"①。目前，我们看到在该领域已有了较多文献，研究者也从财务会计学界扩展到金融学界等领域，他们的研究均证明了货币政策的变动对微观企业的投融资等财务行为将产生显著影响，进而影响到企业的财务状况，并且学者们也观察到在各种异质性条件下，货币政策对企业的影响也存在着非对称性。

关于货币政策对企业财务行为的影响，研究内容主要包括企业的负债融资（资本结构）、现金持有水平和投资效率等方面。Kashyap 等（1994）认为货币政策通过利率水平和银行信贷影响企业融资成本。Longstuff 和 Schwarzk（1995），Leland 和 Toft（1996）都认为，市场利率与企业负债二者呈正相关关系，张太原等（2007）则更进一步区分了长、短期利率对企业负债的影响，发现长期利率与短期利率对企业负债率的影响作用相反。Gaiotti 和 Generale（2002）研究发现资产负债表渠道显著存在，融资成本与融资可得性对企业投资行为产生影响。Custodio（2005）研究发现，经济萧条时期，出于对经济发展不确定性的考虑，企业会持有更多的现金。赵玉成（2006）基于我国制造业公司的数据，研究发现利率水平越高则企业投资规模越大。彭方平和王少平（2007，2010）从企业投资率出发，首次明确提出了我国货币政策传导具有微观有效性，但存在着显著的非线性效应，并且企业盈利水平对两类传导渠道的作用大小具有调节作用；因此，他们从微观层面证实了货币政策的成本效应也具有显著非对称性。张西征和王静（2010）发现随着政策利率的提高，企业的负债成本也随之提高，从而企业投资率下降。马文超等（2012）的研究表明利率是资本结构的重要决定因素，但宋献中等（2014）却认为货币供应量对公司资本结构的冲击更大，同时这一冲击作用还会受到企业成长性的影响。

---

① 姜国华，饶品贵. 宏观经济政策与微观企业行为：拓展会计与财务研究新领域 [J]. 会计研究，2011（3）：9-18，94.

近期，越来越多的学者观察到货币政策对企业的微观效应具有不对称性。林建松等（2017）的研究结果表明货币政策越宽松，企业风险水平越高，高财务杠杆和小规模企业对货币政策组合的风险传导越敏感。杨继生和向镜洁（2020）的研究结果显示资金越充裕的企业越易于获得融资，货币政策对尾部企业的支持不足头部企业的一半。舒长江等（2020）的研究显示紧缩性货币政策对企业短期负债的负向影响大于对企业长期负债的负向影响，而宽松性货币政策对企业长、短期杠杆率的影响方向与影响幅度都相反。刘海明和李明明（2020）的研究显示企业短期债务与货币政策对企业的影响正相关，且紧缩性货币政策的效果强于宽松性货币政策，同时由于融资约束的存在，对于成长型企业来说，紧缩性货币政策对公司绩效的正向影响会有所减弱。

鉴于我国企业所有权性质的差异，不少学者关注到货币政策对性质不同企业的影响存在差异。Chow 和 Fung（1998）基于中国数据研究得出股权性质不同的公司所面临的融资约束差异较大的结论。Loren 和 Hongbin（2003）基于中国数据研究发现，国有银行对不同产权性质企业存在借贷行为的差异，国有企业会有更多信贷资金支持。陆正飞等（2009）的研究结果表明紧缩性货币政策对国有企业的负债几乎没有影响，而民营企业的负债率会因此直接下降或增长减慢。研究普遍认为民营企业面对更强的融资约束（叶康涛 等，2009；李广子 等，2009）。同时，民营企业对现金流的敏感性更高，特别是在金融危机的冲击下，由于有政府的支持，国有企业对现金流的敏感性进一步降低（周铭山 等，2012），并且在货币政策的冲击下，两类企业的信贷条件差异更加分化，紧缩性货币政策将进一步弱化非国有企业的投资效率（喻坤 等，2014）。滑冬玲（2014）研究发现货币政策对国有企业生产效率的正向影响较大且更为持久，对非国有企业的效率作用较小且不确定。Zhanshurui 等（2020）研究发现国有企业通过弱化信贷渠道的加速器效应和对利率不敏感的双重路径，从而抑制了货币政策的调控效果。舒长江等（2020）检验了货币政策对企业资产负债率的影响作用，结果显示扩张性货币政策对中小企业与民营企业具有显著刺激效应，但对国有企业和大型企业的影响效应不明显。

另外，近年来有部分学者注意到货币政策对企业的影响效应还会受到企业所处的制度环境的影响。江伟和李斌（2006）发现国有企业能获得更多的长期资金，而地方市场化水平会影响国有银行的信贷歧视程度。方军雄（2007）也得出了类似的结论，发现制度环境的市场化程度能显著影响两类企业的信贷差异。由于成熟完善的金融市场有更多的融资渠道，因此能有效减轻企业的信贷约束压力，进而促进企业投资规模的增长（黄志忠 等，2013）。张超等（2015）认为货币渠道与信贷渠道分别对金融市场发展水平高和金融市场发展水平低的地区的企业正向作用更强，且国有企业对两类渠道更具敏感性。吴施娟等（2016）研究发现货币政策组合对微观企业产出存在异质性影响，对经济发展水平较落后的地区影响作用更大，并存在区域非对称性。张朝洋和胡援成（2017）的研究结果显示货币政策对非国有企业、小规模企业和金融发展水平较低地区的企业的融资约束缓解效果更明显。谢艳等（2019）的研究表明区域金融发展可以化解紧缩性货币政策对企业贷款的负向影响，小规模企业在紧缩性货币政策条件下会增加现金持有。

1.2 研究目的和研究意义

1.2.1 研究目的

通过以上关于货币政策的研究现状分析，可以看到以上相关研究呈现如下的特点：一是，整体而言，货币政策的非对称性、货币政策的传导有效性等研究主要立足于货币政策对诸如总产出、物价水平、经济增长等宏观经济变量的冲击效应检验，属于货币政策的宏观效应领域，相对缺乏从微观效应的视角来研究货币政策传导的有效性与非对称性问题；二是，已有较多研究论证了货币政策对企业财务具有显著效力，影响主要通过利率和融资因素两条路径发挥作用，但这类研究更着重于证实影响的显著性与影响方向，并没有区分货币政策的两类传导渠道，因此缺乏微观效应下货币政策传导渠道的有效性与非对称性的讨论，也较少涉及对货币政策微观非对称性效应的原因探讨；三是，关于货币政策与企业财务波动的研究主要采用回归模型考察货币政策相关变量的系数显著与否、大小及其方向，以此判断货币政策对企业某一财务特征的影响效应，而较少从整体的、动态的视角来论证货币政策对企业财务水平的冲击效应，不仅包括影响的方向，而且包括影响的幅度与期限。

微观企业是国民经济活动的主体，其经济活动与宏观经济状况联系紧密，经济政策的实施最终都将落足于对微观企业活动的影响。已有研究显示，货币政策能显著影响企业财务特征，但受到企业规模、所有权性质及所处经济制度背景等因素的制约，货币政策对微观企业某些财务行为的冲击效应存在显著差异。中国人民银行原行长周小川曾指出，实现货币政策最终目标，须着力完善货币政策传导机制，重视货币政策传导的微观效应，提高经济主体对货币政策的敏感性①。因此，考察货币政策的非对称性与有效性有必要从货币政策的微

---

① 周小川. 中国金融业的历史性变革 [J]. 中国金融，2010（Z1）：12-17.

观效应入手。

基于以上分析，本书基于企业财务的波动，探讨货币政策微观效应的非对称性，这一非对称性是置于产权性质和制度环境双重背景下，并从货币政策的两类传导渠道出发，以此从总体的、动态的层面考察货币政策对企业各类财务水平的非对称性传导效应。具体来说，本书的主要研究目标为：①论证货币渠道与信贷渠道之于企业财务的微观有效性与非对称性；②考察产权性质下货币政策的微观效应非对称性；③考察制度环境下货币政策的微观效应非对称性；④探讨经济制度环境对货币政策微观效应的区域非对称性的影响机理。

1.2.2 研究意义

本书基于企业财务波动的视角，从货币政策的传导渠道出发，深入探讨了货币政策微观效应的非对称性表现及其原因，具有较高的学术价值：

第一，基于企业财务波动，将货币政策宏观效应的非对称性拓展至货币政策的微观效应非对称性，充实了"货币政策非对称性"领域的内容。

第二，从货币渠道与信贷渠道进行货币政策微观效应的研究，不仅进一步论证了我国货币政策两类传导渠道的微观有效性，而且考察了两类渠道存在的非对称性表现。

第三，在产权性质与制度环境双重背景下，讨论货币政策对企业财务行为的影响，不仅丰富了现有货币政策与企业财务的研究内容，而且为货币政策的微观效应非对称性提供了更为细致深入的探析。

第四，基于经济制度环境视角，从我国省域层面探讨了货币政策对微观企业的非对称性的影响因素，丰富了货币政策区域非对称性研究内容，也为货币政策区域非对称性的研究提供了微观视角下的经济解释。

本书对理解我国货币政策对微观企业的经济效应具有重要的实践意义，其研究结论将为政府制定更有针对性的政策提供可靠依据，同时也将促进金融机构行为方式的调整，有助于推进我国市场化经济的进程。

1.3　理论基础与文献

1.3.1　货币政策的传导渠道

米什金（Mishkin）1995 年所著的经典教材——《货币金融学》将货币政策的传导渠道划分为三大类：一是传统的利率传导渠道；二是除利率之外的其他资产价格渠道，包括汇率渠道、托宾 Q 理论渠道和财富效应渠道；三是信用观点下的银行贷款渠道、资产负债表渠道、现金流渠道、预料之外的价格水平渠道及家庭流动性效应渠道①，以上三个类型的货币政策传导渠道分别对应凯恩斯主义、货币学派和信用学派的观点。

1.3.1.1　传统利率渠道

货币政策的利率传导渠道由凯恩斯学派提出，其后凯恩斯主义学派的希克斯和汉森提出了 IS-LM 模型，对这一传导路径给予了进一步的说明与发展。他们认为市场对货币的需求具有有限利率弹性，货币供应量 Ms 增加，会使得市场流动性增加，债券的需求增大，债券价格上升而实际利率 i 下跌，企业的资金使用成本下降，投资需求 I 增加，最终总产出水平 Y 得到提高。这一路径可以表示为

$$Ms \uparrow \rightarrow i \downarrow \rightarrow I \uparrow \rightarrow Y \uparrow$$

但利率渠道也会面临"流动性陷阱"的问题，凯恩斯认为货币需求的利率弹性较大而投资的利率弹性较小，但利率降低到一定水平后，货币需求变得很大，流动性偏好几乎成为绝对，而即使利率已降到很低，也无法刺激投资需求，这也是前文提到的扩张性货币政策较紧缩性货币政策的效果有限的主要原因。

1.3.1.2　其他资产价格渠道

在传统利率传导渠道基础上，货币主义学派扩大了货币传导机制的作用范围，他们认为除了债券价格外，还有汇率和股票的价格也会传导货币政策效应，由此形成货币政策传导的汇率渠道、托宾 Q 理论和财富效应渠道。

（1）汇率渠道。

汇率作为外汇资产的价格形式，其传导机制是当货币供应量增加，国内实际利率水平下降，相对于外币资产，本币 E 价值下降。本币贬值会使得国内产品相比国外价格下降，从而导致出口 X 增加进而对国内的生产需求上升，国内总产出 Y 水平提高。汇率渠道的传导机制如下所示：

$$Ms \uparrow \rightarrow i \downarrow \rightarrow E \uparrow \rightarrow X \uparrow \rightarrow Y \uparrow$$

（2）托宾 Q 理论渠道。

基于对股票价格的影响，货币政策也能影响实体经济，托宾（1969）提出的 Q 理论对这一过程给出了解释。托宾将 Q 定义为企业的市场价值与重置资本之比。Q 值高意味着企业市场价值高于重置成本，因此新的厂房和设备相对企业市场价值来说更低，在这种情况下企业发行相对少量的股票就可以购买到大量的新资本品，因此投资支出将会增加。反之，如果 Q 值较低，企业的

---

① 米什金. 货币金融学 [M]. 马君，译. 北京：机械工业出版社，2011：473-479.

市场价值低于重置资本，此时如果企业想要获得新的资本品，则可以较低的价格购买其他企业来获得这些企业已有的资本品，因此企业不会对新的厂房、设备等进行投资，企业的投资支出将会下降。从货币政策传导来说，当货币供应量增加，实际利率下降，则对股票投资需求增加，股票价格 Pe 上涨，进而托宾 Q 值提高，基于托宾 Q 理论，这会导致企业扩大投资支出，增加社会总产出，这一传导机制如下：

$$Ms \uparrow \rightarrow i \downarrow \rightarrow Pe \uparrow \rightarrow Q \uparrow \rightarrow I \uparrow \rightarrow Y \uparrow$$

（3）财富效应渠道。

与托宾 Q 理论相似，Modigliani（1971）提出了货币政策在个体消费层面传导的财富效应理论。该理论认为个体消费者的消费支出取决于消费者一生所获得的资产，而以普通股票形式存在的金融资产是其中重要的组成部分。当股票价格上升，消费者的金融财富会增加，因此消费者的消费支出也会提高。如同上文所述，当货币供应量增加，股票价格上涨，则个体消费者的金融财富 W 升值，会扩大消费者的消费支出，进而导致总产出增加。这一传导机制如下：

$$Ms \uparrow \rightarrow i \downarrow \rightarrow Pe \uparrow \rightarrow W \uparrow \rightarrow C \uparrow \rightarrow Y \uparrow$$

1.3.1.3 信用观点下的渠道

信用观点下的渠道的研究产生于金融市场不完善与信息不对称，其关键的前提条件是银行贷款和债券是不能完全替代的，因而信贷市场无法通过利率达到供需均衡。在信用学派的观点下，信用渠道主要有银行贷款渠道、资产负债表渠道、现金流渠道等。

（1）银行贷款渠道。

Bernanke 和 Blinder（1988）提出了银行贷款渠道，认为银行贷款与其他金融资产具有不完全可替代性，银行可以很好地解决信贷市场的信息不对称问题，特定借款人的融资需求只能通过银行贷款满足，其传导机制是扩张性货币政策增加了银行存款，扩大了银行信贷规模，信贷规模的扩大必然扩大社会投资规模、提高消费水平，从而增加了社会总产出。这一传导机制如下所示：

$$Ms \uparrow \rightarrow 存款 \uparrow \rightarrow 贷款 \uparrow \rightarrow I \uparrow \rightarrow Y \uparrow$$

（2）资产负债表渠道。

Bernanke 和 Gertler（1995）又提出了资产负债表渠道，认为企业的净值、抵押物等成为银行是否贷款的基本考虑因素，借款人外部融资溢价与其净值和抵押物价值有关。借款人的净值或抵押物价值越低，则面临的逆向选择和道德风险问题越严重，因此企业净值的降低会导致贷款的减少以及投资支出的降低。从货币政策传导来看，扩张性货币政策会使股票价格上涨，则企业净值得以提高，企业净值提高可以减少逆向选择和道德风险问题，所以企业外部融资能力增加，贷款增加，则企业会扩大投资需求，总产出水平上升，这一传导机制可以表示如下：

Ms ↑→ i↓→ Pe↑→ 企业净值↑→逆向选择和道德风险↓→贷款↑→I 和 C↑→Y↑

（3）现金流渠道。

以上货币政策对企业的资产负债表的影响还可以体现在对企业现金流的影响上。扩张性货币政策降低了利率，会降低借款人的资金成本和利息支出，增加企业净现金流，使得企业资产负债表情况得以改善，同时也降低了公司的逆向选择和道德风险，导致银行贷款增加，最终投资和总产出也会增加。这一传导机制可以描述为

Ms↑→ i↓→ 企业现金流↑→逆向选择和道德风险↓→贷款↑→I 和 C↑→Y↑

在现金流渠道中，名义利率水平也可影响企业现金流，而在上文提到的利率渠道强调实际利率水平影响投资支出，因此这两类渠道传导机制是有所不同的。

此外，货币政策对企业资产负债表的影响还存在"金融加速器效应"（Bernanke et al.，1996；Levy et al.，2007），即货币政策的资产负债渠道最终会放大货币政策的传导效果，形成一种"加速器效应"。

1.3.1.4 货币渠道与信贷渠道的划分

从金融机构的资产与负债出发，Mishkin（1995）将上述货币政策传导的利率渠道和其他资产价格渠道，又统称为货币渠道（money channel），与之相对的是信用观点下的信贷渠道（credit channel）。货币渠道强调利率在货币政策传导中的重要作用，货币主义学派则将利率传导扩大到货币和其他金融资产的结构调整中。信贷渠道则更强调在金融市场不完善与信息不对称的条件下，银行贷款和债券是不能完全替代的，货币政策的影响通过金融机构的信贷发放来予以传递。

货币渠道与信贷渠道，哪一个在货币政策传导中起主导作用，总是与不同的经济发展阶段相适应的，各类传导渠道的地位和作用是随外部经济和市场条件而发生变化的。正如上文所述，货币渠道的有效性更有赖于成熟的金融市场。一般理论认为，在金融市场发育程度低、间接融资占主导的情况下，信贷渠道的作用明显；在金融市场进一步发展成熟，融资工具丰富，直接融资占比增加，市场化程度提高的条件下，则货币渠道特别是利率渠道的作用会越来越凸显。

目前，大部分研究均认为我国货币政策是通过多渠道协同发挥作用的，特

别是在我国金融市场发展完善的转型时期。战明华和李欢（2018）的研究认为，在我国以信贷渠道为代表的数量化渠道效应强于利率渠道，但随着利率市场化的推进，利率渠道作用得以加大，信贷渠道的作用存在一定的削弱。并且，互联网金融和数字金融的发展也在一定程度上增强了货币（利率）渠道的效应（战明华 等，2018，2020）。任泽平等（2019）认为信贷渠道和利率渠道是最重要的传导渠道，而其他资产价格渠道等则更偏重与其他渠道发生协同作用，共同影响产出，同时他们还认为，相对而言利率渠道的有效性略低于信贷渠道，但效率在提升。

由以上理论分析可见，各类货币政策的传导渠道并不孤立，总是相互协同地发挥作用，它们不能改变货币政策的影响方向，但是它们对实体经济的影响范围和影响程度各有差别，这使得货币政策对经济的影响效应变得更为复杂，总是体现出各类非对称性。

1.3.2 货币政策传导对微观企业的作用机理

货币政策通过两类传导渠道影响企业的融资行为和投资行为，促使企业调整其各类财务行为，从而引起企业各类财务指标的变动。货币政策的波动最先改变企业的融资环境，外部融资能力较差或财务灵活性较差的企业可能会面临融资约束，这就会影响企业的投资支出和生产经营情况，进而影响企业收入与利润，这些影响环环相扣，难以分割。

1.3.2.1 基于货币渠道的影响

货币渠道对企业融资的影响主要体现在对融资环境的改变上，利率的波动改变了企业的外部融资成本，利率升高不仅增加了企业的无风险资金成本、风险溢价成本等，还降低了企业的资产净值，企业的外部融资成本也相应增加。当面临较高融资约束，企业会加大内部融资比例，所以它对内部现金流的敏感度上升，而利率上升会减少企业获得的利润和现金流。因此，受制于融资约束的企业面对的外部融资环境更差，受到的货币政策冲击更大。

货币渠道对企业投资的影响可从外部供给与内部需求两方面进行分析：从外部供给方面，货币供应量的变化首先引起基准利率变动，然后传递到经济中的其他短期、长期利率，最终改变企业的资本品购买成本、利息成本等。具体而言，当货币供给增多，利率降低，企业的借贷成本下降时，企业会追加投资，反之同理（凯恩斯，1936）。从企业内部需求方面，货币供应量的减少和利率的升高使得企业外部融资成本升高，缺乏信贷资金的企业会选择内部融资来弥补缺口。此时企业会对现金流格外敏感，如果货币价格过高，企业出于对成本与效益的考虑，则可能会延缓或放弃投资。

货币渠道对企业业绩的影响主要通过改变利率和资产价格来实现。一方面宽松性货币政策下，企业外部融资资源充分，企业能获得更多贷款并扩大生产规模，企业业绩也因此得以改善；另一方面货币供应量的增加会引起资产价格的提高，从而挤压企业利润的空间，降低企业效益。因为货币政策改变会影响私人资产配置，货币供应量增加势必导致货币边际效用降低，理性的投资者会减持货币资产并购入其余资产以作替代，最终结果就是资产价格升高，这对于市场发展和企业经营都是弊大于利的。

1.3.2.2 基于信贷渠道的影响

由于目前我国利率市场化改革还在进行中，部分学者认为企业对利率的波动不够灵敏，而信贷渠道的传导效力更强（盛朝晖，2006；陈奕丹，2019；战明华 等，2018）。

信贷渠道通过流动性风险和银行信贷调节企业的融资行为。当央行实行宽松性货币政策时，信贷供给增多，企业融资成本下降，则企业会扩大融资规模；当央行采取紧缩性货币政策时，信贷供给减少，银行为了防控风险会改变信贷策略，提高信贷标准，那么企业获得外部融资的难度加大，有融资约束或对银行依赖度较高的企业其处境则更加艰难，若无法从额外渠道获得资金就只能减少融资金额。同时，银行为了降低信用风险，对企业偿债能力的审核将提高标准，特别是可抵押资产的价值评估，以此来评判企业的偿债能力和违约风险。若一个企业拥有较为可观的可抵押资产，则其面临的信息不对称问题将得到缓解，银行会提高对其的出借可能。

信贷渠道对企业投资行为的影响与信贷成本和企业的融资能力息息相关。由于银行和贷款者之间的信息不对称会引起信贷配给现象，因此货币会通过影响信贷可得性来影响企业投资。如果货币供应量减少，同时银行又不能从有价证券等额外渠道增加可贷资金，那么银行只能削减信贷投放。这时，依赖银行信贷的企业融资受阻，由于资金短缺，企业不得不缩减投资。另外，企业的内源融资能力与它的现金持有、经营业绩有关，而外源融资又受限于其担保品的资产价值，因此，央行改变政策调高利率，资产价格下降引起担保品的资产价值减少，相应的企业外部融资能力变弱，这就是所谓的"金融加速器效应"（Bernanke et al.，1998）。

对于企业业绩，信贷渠道主要通过改变企业的信贷约束条件而产生作用。银行信贷资金减少，企业面临的融资约束升高，因此无法获得预期数量的资金。此时企业会面临两种选择：一种是依靠其他渠道融资如商业信用，弥补银行信贷资金的不足；另一种是接受资金短缺的事实，然后调整后续的投资行为，不过无论哪一种选择都会对企业业绩造成影响。选择多渠道融资的企业，由于承担更大的债务压力，在资金使用方面会更加谨慎，同时债权人为防控信用违约风险，会间接充当公司治理角色，监督企业的投资行为，内部压力和外部监督会对企业业绩有提升作用。而无法获得商业信用和足额贷款的企业只能改变投资策略和经营计划，这会对企业业绩产生不良影响。

1.3.3　货币政策与企业财务

以上货币政策传导机制理论指出了货币政策对企业的影响，主要有通过货币渠道直接改变企业的外部融资成本和资产价值，以及通过信贷渠道间接改变企业外部信贷约束。这两条途径都会对公司的财务行为产生影响，进而引起企业的各类财务指标的改变。

1.3.3.1　货币政策与企业融资能力

融资是企业经营管理的重要方面，在货币政策紧缩时期，货币供应量减少，资金成本上升而社会信贷规模下降，造成企业的融资资金减少，企业融资约束增加，流动性风险增大。Stiglitz 和 Weiss（1981）发现，当货币政策从紧时，信贷配给现象更为严重，这使得企业面临的融资约束增强。周雪平（2008）发现紧缩的货币政策会缩小中小银行的贷款规模，中小企业因为融资渠道和融资能力有限，会因为资金难以为继而陷入财务困境。叶康涛和祝继高（2009）研究发现，银根紧缩会使社会融资规模缩小，企业信贷资金额度也会大幅减少。张西征（2010）认为，企业在货币政策调控下不仅存在债务融资约束，还存在股权融资约束。王明涛和何浔丽（2010）发现，M2 相对于利率，对流动性风险影响最大。冯建和王丹（2013）认为在银根紧缩时期，消费者预期收入会减少，会降低购买力，从而导致公司收益缩减，可能陷入流动性困境。齐杨等（2017）从不同货币政策工具的角度，研究发现公开市场操作和再贴现率调整能对企业的融资约束程度进行调节。

学者们还广泛关注到，货币政策对企业财务能力的影响还受到企业所有权性质的显著制约。Chow 和 Fung（1998）基于中国数据研究得到股权性质不同的公司所面临的融资约束差异较大。Loren 和 Hongbin（2003）基于中国数据研究发现我国国有银行存在差别贷款行为，银行信贷资金会更多地投放于国有企业。陆正飞等（2009）的研究结果表明民营企业的负债受紧缩性货币政策影响明显，而同期国有企业的长期负债仍然保持上升。叶康涛和祝继高（2009），李广子和刘力（2009）的研究也都得出了民营企业存在融资困难的结论。周铭山等（2012）研究发现由于有政府的支持，国有企业对现金流的敏感性明显低非国有企业，特别是在金融危机的冲击下。喻坤等（2014）通过实证研究发现，货币政策冲击下国有企业与非国有企业所面临的贷款约束环境分化严重，从而导致非国有企业的投资效率降低。李连军和戴经纬（2016）的研究表明，货币政策的调整方向与企业融资约束程度呈负向关系，同时在产权制度背景下，紧缩的货币政策对民营企业的融资约束影响更显著。

除产权性质外，还有很多文献关注到货币政策对企业融资条件的影响而受到了企业规模、企业信用等级以及区域制度环境等其他一些因素的制约。不少经验数据显示企业规模是影响货币政策对企业财务能力的重要条件之一。Cooley 和 Quadrini（2006）认为货币政策对规模更小的企业冲击更大，原因在于企业的内部融资渠道差异。Bougheas 等（2006）以企业外部融资为切入点，发现规模更小、成立时间更短、风险更高的企业在货币紧缩期受到的冲击更大。同样地，Leary（2009）发现小企业或对银行依赖程度较深的企业，其债务规模与信贷供给调整呈同向变化，这一现象与长期负债的可得性有关。叶康涛和祝继高（2009）研究发现企业的成长性也决定着货币政策的效力，成长能力越好的企业，货币政策对其的冲击作用越大。除此之外，Gertle 和 Gilehris（1994），Oliner 和 Rudebusch（1996）研究发现企业信用等级对货币政策的影响作用具有调节效应，信用等级高的企业可以更多地进行商业融资，而信用等级较低的企业更依赖银行信贷。李志军和王善平（2011）的研究显示企业信息披露也对企业信贷约束具有调节效应，信息披露质量好的企业能获得更好的资信度，可以缓解政策变动的不利影响。郑军等（2013）的研究结果显示内控质量好的企业具有更强的信贷能力，能够一定程度减轻紧缩性货币政策对企业信贷的冲击。谢军和黄志忠（2014）研究发现良好的金融生态环境能够强化宽松性货币政策对企业融资约束的缓解效应。

1.3.3.2 货币政策与企业投资行为

企业的投资行为与其融资能力息息相关，可以说货币政策对企业的融资能力与投资行为的影响，是同一个问题的两个角度。依据 IS-LM 模型，货币政策宽松时企业更易获得外部融资从而能够增加企业的投资支出。Chatelain 等（2001）的研究结果显示企业的投资行为对利率变动最敏感，而对现金流的敏感性只在意大利一些小规模企业中显著，因此认为信贷渠道对投资行为的传导效应不明显。企业投资对利率十分敏感，因此利率可作为货币政策的操作手段之一（Guiso et al.，2002；Gilchrist et al.，2007；Guariglia et al.，2011）。货币政策通过利率渠道调节企业债务融资成本，在货币政策的五大工具中，利率和再贴现率是企业投资现金流最敏感的因素（齐杨，2017），利率的调整能改变企业的投资行为（彭方平 等，2007；罗正英 等，2015），包括企业的投资效率（郝颖 等，2014；喻坤 等，2014；张亦春 等，2015）、投资机会（张西征等，2012）、投资规模（杜传文 等，2017；马红 等，2017）等。

还有部分研究从融资约束的角度讨论了货币政策对企业创新投资活动的影响。外部资金是企业研发费用的主要资金来源（Czarnitzki et al., 2011, 李后建 等, 2015），而由于企业创新活动具有较高的投资风险，因此特别容易受到外部融资的约束（Hall et al., 2010；谢家智 等, 2014）。因此，企业研发投入与企业信贷规模呈正向相关（Brown et al., 2012），尤其是对中小企业、民营企业和资本密集型企业而言（张璇 等, 2017），且紧缩性货币政策下政府补贴也将减少，政府补贴对企业创新活动的正向效应被削弱（钟凯 等, 2017）。

货币政策也可通过信贷渠道调整银行可贷资金，当信贷配给缩减时，企业的融资难度上升（叶康涛 等, 2009；靳庆鲁 等, 2012），企业可能会选择稳健的会计政策并调整企业的投资策略（汪猛, 2013）。Angelopoulou 等（2007）研究发现，在英国，货币政策紧缩时期，企业投资行为对现金流存在强敏感性。还有学者认为货币供应量越大，企业的投资−现金流敏感性越低，货币政策对企业投资效率具有明显的冲击作用（刘星 等, 2014）。

此外，研究者们也发现政策的不确定性、区域制度环境、货币政策的执行模式等也会影响到货币政策的影响效应。Beaudry 等（2001）发现货币政策的不稳定会促使企业的投资行为趋同。随着研究的深入，一些学者发现经济不确定性与企业投资呈负向关系，原因在于随着宏观经济环境不确定性的增长，管理者的管理难度增加，在投资决策时更为保守，实体经济的投资意愿下降，故企业的投资效率变低（Bloom et al., 2007；申慧慧 等, 2012；王朝阳 等, 2018）。此外，地区之间的制度背景、市场状况、地方政府调控、投资支出以及投资机会也影响了货币政策对企业投资行为的差异（Lin et al., 2000；Qian et al., 1998；Qian et al., 2006；陈艳, 2013）。此外，货币政策执行模式也是影响企业投资的主要因素，贷款规模管制使得大型企业更易获得融资，而中小成长型企业则面临更高的融资约束，降低了企业投资额度（于泽 等, 2015）。

1.3.3.3 货币政策与企业业绩

企业业绩是衡量企业产出的重要指标之一，一般理论认为宏观经济活跃，货币供应量充足，企业扩大投资，社会消费需求增长，则企业生产与销售规模扩大，业绩向好。Chant（1980），Levi（1980）和靳庆鲁等（2008）分别考察了货币供应量与企业业绩的关系，发现二者呈显著正相关。货币政策对企业业绩的影响历经多个环节，特别是对企业投融资行为的改变在一定程度上对企业经营业绩产生影响。从融资层面，货币政策的波动会改变企业的外部融资环境和融资约束的程度，从而可能会阻碍企业业绩的提升。袁飞飞和张友棠（2019）研究发现贷款利率与企业业绩呈负向关系，而企业的融资约束对二者关系具有部分中介效应。邱静和刘芳梅（2016）证实受外部融资环境制约较为严重的企业，其经营状况受货币政策影响的程度更深，不过此现象在非国有企业中才是显著的；同时，融资期限与投资期限之间的匹配程度也会影响货币政策对企业业绩的影响，当货币政策趋紧时，因为长期贷款的利率更高，企业为了降低融资成本会减少长期贷款，从而增加短期贷款进行短贷长投以换取业绩的改善。钟凯等（2016）则认为货币政策适度水平的提高，能够对企业投融资期限错配产生抑制作用，进而对企业业绩发挥间接影响作用，更进一步地，徐尧等（2017）则认为当匹配程度小于阈值时，在货币紧缩期，错配程度的提高会降低借贷成本，进而倒逼企业改善业绩，但是当匹配程度超过阈值时，错配程度的提高会增加企业的投资风险和偿债压力，会对企业业绩产生不利影响。刘海明和李明明（2020）则从贷款期限的角度进行分析，他们认为企业短期负债越高，贷款期限产生的正向作用超过了企业的风险增加，因此企业绩效提升越快，但这一正向效应对于成长型企业有所减弱。

另外，货币政策也会影响企业内部的财务状况对企业的业绩的作用，货币政策通过改变企业获得的信贷数量和信贷成本，从而改变或调节其他企业业绩影响因素的作用机制或作用环境，进而影响到企业业绩表现。企业拥有较大的现金流和较强的外部融资能力，则它在财务处理上更具灵活性，当货币政策发生变化时，就能抵抗住外部压力，从而缓解货币政策对自身业绩的影响（卢青 等，2016）。陈建英和杜勇（2018）以制造业企业为研究对象，其研究显示宽松性货币政策下，制造业企业将会扩大房地产投资，从而对企业主营业务产生消极影响。

货币政策对企业业绩的影响不仅会受企业本身行为的影响，还与货币政策工具、产权性质、企业规模、行业类别等因素有关。在不同产权背景下，货币政策对企业业绩的冲击存在差异（Nadia et al.，2013），学术界普遍认为货币政策对国有企业业绩的冲击较小，对中小企业业绩的影响较大（耿强 等，2009；滑冬玲，2014）。王昌荣等（2016）则发现紧缩性货币政策能促进国有企业负债水平的提高，且负债融资与国有企业绩效负相关。但当国有企业发生亏损后，政府对其有补救行为，这可能导致国有企业经营效率较低（Kornai，1980）。Gertler（1993）和 Gilchrist（1994）认为货币政策对企业业绩的影响与企业规模有关，小企业受到的影响作用明显更大。Nadia 等（2013）发现货币政策对企业业绩的影响与企业所处的行业有关。齐杨等（2017）的研究显示不同货币政策工具也对企业业绩的影响作用存在差异。

1.4 研究思路与内容框架

1.4.1 研究思路

本书的研究从理论到实证，从总体到分类，从现象揭示到原因探析，逐步深入细化地展开。

第一，对货币政策的传导与货币政策影响效应的非对称性的研究现状进行了综述，并引出了本书的着眼点——货币政策的微观效应研究，进而明确了研究目的，以及具体的研究思路与框架。

第二，基于企业财务指数信息，从总体层面探讨了货币政策传导的货币渠道与信贷渠道对企业各类财务能力的影响效应，以此论证货币政策传导渠道的微观效应及其非对称性。

第三，从企业产权性质出发，从总体层面构建 SVAR 模型论证货币政策对不同产权性质企业影响效应的非对称性的存在，进而从微观层面，采用面板回归模型检验了货币政策对企业各类财务能力的非对称性影响表现。

第四，从经济与制度环境出发，基于我国省域层面构建混合截面全局向量自回归模型（MCSGVAR），论证货币政策对不同区域企业在融资结构、投资产出与经营业绩方面的非对称性影响表现。

第五，基于货币政策微观效应的区域非对称性表现，以 MCSGVAR 模型中得到的脉冲响应为因变量，从区域经济发展特征、区域市场化水平、区域企业特征与区域人口四个方面构建了货币政策的区域微观效应的影响因素模型，以明晰经济制度环境对货币政策微观效应区域差异的影响作用。

第六，基于货币政策传导渠道、企业不同财务特征、企业不同产权性质及企业不同外部制度环境，多维度地对货币政策微观效应的非对称性进行总结，进而提出三个方面的建议。

具体研究思路可见图 1.1。

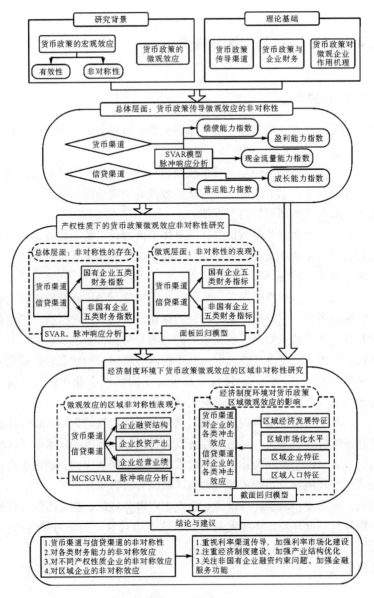

图 1.1　研究思路

1.4.2　内容框架

本书的内容主要由五章构成，具体如下：

第1章是总论，该章节主要阐述了研究背景，指出基于企业财务的波动，从货币政策的货币渠道与信贷渠道出发，探讨货币政策微观效应的非对称性，以此从总体的、动态的层面考察货币政策对企业各类财务水平的非对称性传导效应是本书的研究目的。进而，围绕货币政策传导渠道、货币政策对微观企业作用机理，以及货币政策与企业财务的理论基础与相关文献进行了综述，以此明确了本书的逻辑思路与研究框架。

第2章是货币政策传导与企业财务波动：传导的微观有效性与非对称性。这一章首先梳理了货币政策传导的宏观层面研究，其次提出基于企业财务波动的视角考察货币政策传导微观效应问题。最后，从总体层面，基于企业财务指数信息，采用 SVAR 模型，实证检验了货币政策传导的货币渠道与信贷渠道之于企业五个类别的财务能力的传导有效性与非对称性表现，旨在验证货币政策传导渠道的微观效应非对称性。

第3章是基于企业产权性质的货币政策微观效应非对称性研究。这一章在理论分析的基础上，首先，从宏观层面，基于国有企业和非国有企业的财务指数信息，采用了 SVAR 模型实证检验了货币政策对不同所有权企业影响效应的非对称性存在；其次，从微观层面，采用面板模型进一步探讨了货币政策各类传导渠道对两类企业五个方面财务特征的影响效应，进一步揭示在产权性质下，货币政策对企业财务行为复杂的非对称性微观效应表现。

第4章是基于经济环境制度的货币政策微观效应的区域非对称性研究。首先，在理论上深入分析了货币政策区域非对称性的存在及其原因，进而采用 MCSGVAR 和脉冲响应函数（IRF）动态检验了我国统一货币政策对区域企业各类财务特征的影响，以论证我国货币政策微观效应区域非对称性的存在与表现。最后，从经济发展水平、市场化程度、区域企业特征、区域人口特征四个维度，实证检验了区域经济制度环境对货币政策微观效应的影响作用。

第5章是结论与建议。这一章纵观本书的全部内容，归纳总结了全书的研究结论，以此围绕三条发展思路提出了相关的发展建议。

2 货币政策传导与企业财务波动：传导的微观有效性与非对称性

2.1 引言

货币政策传导机制包括货币渠道与信贷渠道，哪一个传导渠道更有效是一个经典的研究命题。就中国而言，大量研究显示货币渠道与信贷渠道往往共同发挥作用，但二者对货币政策传导的效应存在显著差异，体现在对宏观经济指标影响的幅度、方向及时间等多个方面。此类关于货币政策传导有效性的研究文献，主要集中于从宏观层面考察经济总产出（GDP）、物价、经济增速等宏观经济指标对货币政策变量的反映情况，可以说属于货币政策传导的宏观效应问题（王振山 等，2000；冯春平，2002；蒋瑛琨 等，2005；盛松成 等，2008；宋旺 等，2010；田祥宇 等，2012；刘骁毅，2013；战明华 等，2018；任泽平 等，2019；陈奕丹，2019）。

从微观企业来看，经济理论显示货币政策传导的两条渠道都将对企业的财务状况产生影响：一方面，货币供应量和利率将直接影响企业的融资成本和资产价值；另一方面，信贷条件将间接改变企业的外部融资约束。已有研究发现货币政策会影响债务融资成本，改变企业的融资能力（Stiglitz et al.，1981；周雪平，2008；李连军 等，2016；齐杨 等，2017），从而影响企业投资行为（Kashyap et al.，1993；Hu，1999；Mojon，2002；彭方平 等，2007；罗正英 等，2015），包括企业的投资效率（郝颖 等，2014；喻坤 等，2014；张亦春 等，2015）、投资机会（张西征 等，2012）、投资规模（马红 等，2017；杜传文 等，2017）等。其中，Gaiotti 等（2001）认为资产负债表渠道显著存在，且资本成本和融资因素都在影响公司的投资决策。

国内学者也对此有相关研究，研究结果均证实企业资本结构或现金流量持有水平等与货币政策紧缩程度显著相关（祝继高 等，2009；曾海舰 等，2010；

冯建 等，2013；谢军 等，2014）。可见，面对货币政策的调整，企业也会调整自己的财务行为，导致企业财务状况的不断变动直至达到均衡状态，这正是货币政策微观效应的体现。但遗憾的是，以上的研究文献主要从融资约束理论出发，对企业某一方面的财务波动进行分析，同时也并未对货币政策的传导渠道进行区分考量。

综上所述，目前大量论文集中于从宏观层面对货币政策传导渠道的有效性进行研究，考察经济总产出、物价和经济增速等对各类货币政策传导变量的反映情况，属于货币政策传导的宏观效应研究。微观企业作为国民经济活动主体，其财务水平的波动既是企业各种经济行为的最终结果表现，也是最能衡量经济政策效应的微观指标。财务会计学界的研究文献已证实货币政策能显著影响企业某一方面的财务能力，但这些研究并没有区分货币政策两类传导渠道的有效性与非对称性表现，且主要仅对企业某个或某几个财务特征进行分析。因此，本章从企业各类财务波动的视角来考察货币政策传导的微观有效性及非对称性，属于货币政策传导的微观效应研究，这一效应的厘清对理解中国货币政策的实践，理解货币政策对微观企业的经济效果具有重要的现实意义。

2.2 理论分析与研究假设

2.2.1 货币政策传导的宏观效应

货币渠道与信贷渠道是货币政策传导的两条基本路径，在传导过程中，究竟是货币渠道还是信贷渠道更有效，国内外学者进行了大量研究并得到了不同的结论。

Kashyap 和 Stein（1993）的研究证明了信贷渠道对经济具有更重要的影响，当货币政策紧缩时，相比其他类型贷款，银行贷款供应量会更多地减少。Kashyap 和 Stein（2000），Lown 和 Morgan（2002）进一步地论证货币政策传导的信贷渠道显著存在。但也有大量学者支持货币渠道传导机制。Morris 和 Sellon（1995）的研究则表明，央行不能显著影响银行贷款行为，其认为信贷渠道效应较小。Oliner 和 Rudebusch（1996）则认为并没有证据表明银行信贷具有不同的效应，并且无论是大公司还是小公司，在货币政策调整后，其银行与非银行借款几乎没有变化。Ariccia 和 Garibaldi（1998）认为货币渠道作用更显著，货币政策对银行贷款行为的调控作用较小。Bernank 和 Blinder（1992）则证明货币渠道和信贷渠道共同对货币政策进行传导，且联邦基金利率最能解释未来宏观经济的波动，因此认为其是反映货币政策的最好指标。

国内学者对货币传导机制的研究结论，也基本符合以上三种情况：一是认为货币渠道是我国货币政策的主要传导路径（陈飞 等，2002；孙明华，2004；邓永亮 等，2010）。二是认为我国货币政策的主要传导路径是信贷渠道（王国松，2004；蒋瑛珺 等，2005；赵振全，2007；陈青青，2010；陈奕丹，2019）等。三是认为中国货币渠道与信贷渠道都有传导作用，周英章等（2002）的研究结果表明我国货币政策两条传导渠道均有效，其中信贷渠道作用更突出；盛朝晖（2006）认为在货币传导机制中信贷渠道发挥了主要作用，其次是利率传导渠道，而资本市场渠道效应开始显现；宋旺等（2010）认为随着我国金融市场的成熟与创新，利率渠道的作用开始显现，资产负债表渠道也有所发展，但贷款渠道有效性下降；战明华和李欢（2018）认为我国货币政策传导中，信贷渠道效应强于以利率和汇率为代表的价格渠道，但利率市场化的推进有利于利率渠道传导，降低了信贷渠道有效性；任泽平等（2019）认为间接融资是我国金融体系的主体，信贷渠道是最重要的货币政策传导渠道，利率渠道的有效性略低于信贷渠道，但其重要性越趋凸显。

我们认为货币政策的传导是多途径的，货币渠道与信贷渠道并非相互排斥。一般理论认为，货币渠道的有效性有赖于利率传导机制与市场化的金融体系，信贷渠道的畅通则对金融体系的市场化程度要求相对较低（盛松成 等，2016）。因此，在金融市场发展程度低、间接融资占主导的情况下，信贷渠道的作用明显；在金融市场进一步成熟，企业的融资渠道丰富，直接融资方式占比增加，市场化程度提高的情况下，则货币渠道尤其是利率渠道更有效。目前，我国金融市场正处于发展转型时期，近期的研究显示货币与信贷渠道都有效，只是不同的渠道对货币政策的传导效应不同，体现在对经济影响的幅度、方向及时间等多个方面。同时，以上货币政策传导渠道有效性的研究，都是考察经济总产出（GDP）、物价和经济增速等宏观经济指标对各类货币政策变量的反映情况，属于货币政策传导的宏观效应研究，而较少从微观企业的角度来对两个传导渠道的有效性与非对称性进行分析，即缺少对货币政策传导渠道的微观效应研究。

2.2.2 货币政策传导的微观效应

微观企业是国民经济活动的重要组成部分，其经济活动与宏观经济状况紧密相连，经济政策的调控作用最终都将落足于对微观企业行为的影响。

理论分析，货币政策的两条传导渠道都将对微观企业的财务状况产生影响。一方面，通过货币供应量和利率的改变，货币政策直接改变了企业的融资成本和资产价格，而对企业生产、投资、消费的经济活动产生影响，进而将影响到企业的整体财务行为。Kashyap 等（1994）发现货币政策既可以通过货币渠道的利率影响融资，也可以通过信贷渠道实现对实体经济的调控。Hu（1999），Mojon 等（2002）学者的研究也证实利率的变化能影响资本成本，进而影响公司的投融资行为，使得企业的投资率发生变化。宋献中等（2014）认为货币供应量较利率对公司资本结构的冲击更大，同时货币政策的冲击作用还会受到企业成长性的影响。齐杨等（2017）从不同货币政策工具的角度进行研究，发现公开市场操作和再贴现率调整能对企业的融资约束程度进行调节。

另一方面，通过信贷条件的改变，货币政策间接改变了企业的外部融资约束，如银根紧缩时期，社会信贷贷款规模缩小，这时外部融资成本上升，企业投资扩张受限，同时金融市场上的道德风险和逆向选择问题将会更加严重，银行难以判断企业真实的盈利水平和偿债能力，进一步惜贷，从而社会的融资需求和供给的不匹配进一步影响资源配置，使得企业的各类财务能力发生变化。Gaiotti 和 Generale（2002）等的研究也发现货币政策的资产负债表渠道显著存在，且利率与信贷供给都是企业投资决策的显著影响因素，尤其是对小公司，信贷供给的影响作用更突出。马文超等（2012）的研究表明利率是资本结构的重要决定因素。李连军和戴经纬（2016）的研究表明，货币政策的调整方向与企业融资约束程度呈负向关系，同时在产权制度背景下，紧缩的货币政策对民营企业的融资约束影响更显著。可见，通过利率和融资两个因素，货币政策将影响微观企业的财务行为，因此理论上货币渠道与信贷渠道都具备微观有效性。

进一步地，货币渠道与信贷渠道的效应程度是否一致呢？彭方平和王少平（2007，2010）从企业投资率出发，首次明确提出了我国货币政策传导具有微观有效性，但存在着显著的非线性效应，当企业利润率处于不同区间时，信贷渠道与利率渠道的效应各有所强。如前文所述，在金融市场发展程度低、间接融资占主导的情况下，信贷渠道的作用明显；在金融市场进一步成熟，企业的融资渠道丰富，直接融资方式占比增加，市场化程度提高的情况下，则货币渠道尤其是利率渠道更有效。目前中国的金融市场仍以银行为主导，间接融资还是企业融资的主要手段，因此货币政策的信贷渠道作用不可忽略，但随着中国金融市场市场化的发展趋势来看，货币渠道的作用已逐步凸显。正如总论中所述，基于企业财务的波动，讨论货币政策的微观效应，特别是货币渠道和信贷渠道效应的非对称性，是本节的研究目的。因此，基于以上的理论分析，提出本节的研究假设 1。

假设 1：货币渠道与信贷渠道对企业财务均具有微观有效性，但影响作用存在非对称性，目前难以判断哪一个渠道效应更大。

以上研究还表明，货币政策调整对企业的融资和投资行为产生直接影响，进而影响到企业的其他财务结果，例如对持有现金流的影响，对会计政策稳健性的影响（饶品贵 等，2011）等。理论显示，在宽松的货币政策条件下，资金充裕且资金成本降低，企业往往会积极举债从而有更高的负债率；货币政策紧缩时期，当市场化利率或融资成本上升，企业的资本结构将发生变化，负债率会下降。Longstuff 和 Schwarzk（1995），Leland 和 Toft（1996）的研究也都认为，企业的负债率与市场利率呈正相关。还有学者从风险的角度，认为货币政策会影响企业的融资能力，进而影响到企业的现金流水平，因此在紧缩性货币政策期间，企业将会陷入流动性困境（周雪平，2008；王明涛 等，2010；冯建 等，2013）。因此我们提出假设2。

假设2：货币政策对企业偿债能力具有显著影响效应，在宽松的货币政策条件下，企业的负债率增加，从而偿债能力表现为下降。

同时，货币政策也将显著影响企业的现金持有水平。已有研究发现当货币政策紧缩时，企业的外部融资约束增强，企业会倾向于提高现金持有；而当货币政策趋于宽松时，外部融资约束降低，企业会降低现金持有水平。Custodio（2005）研究发现货币政策同样会影响企业的现金持有行为，在经济衰退背景下融资约束强的企业会更倾向于持有较多现金。祝继高和陆正飞（2009）运用我国央行发布的"货币政策感受指数"的研究揭示了公司现金持有水平与货币政策紧缩程度呈正相关。蔡卫星等（2015）的研究也发现货币政策对企业现金持有有显著影响。因此，我们提出假设3。

假设3：货币政策对企业现金流量能力具有显著效应，在宽松的货币政策条件下，企业会降低现金持有水平，从而现金流量能力表现为下降。

面对宽松的货币政策，社会资金充裕，企业会积极对外投资，增加生产的投入，扩大资产规模，同时收入水平、利润总额都有所增长，因此，企业往往表现出较好的成长性。但对企业的盈利能力与营运能力而言，目前的研究并没有得出统一结论：部分学者认为宽松性货币政策有利于企业业绩的改善（Chant，1980；Levi，1980；靳庆鲁 等，2008；钟凯，2016；齐杨 等，2017），但也有学者得出了相反的结论，认为二者呈负向关系（陈建英 等，2018；袁飞飞 等，2019）；还有学者认为货币政策对企业业绩的影响呈倒 U 形关系（徐尧 等，2017）。可以看到，当实施宽松性货币政策时，由于货币供应量的增加，利率的下降，信贷规模的扩张，企业一方面销售收入、利润等产出水平得以提高；另一方面其投资扩大，资产规模也会相应扩张，因此衡量企业投入产出比的盈利水平与营运能力的变化方向是难以明确的。于是，我们提出以下研究假设。

假设4：货币政策对企业成长能力具有显著效应，在宽松的货币政策条件下，企业的收入与资产的规模扩大，成长能力提高。

假设5：货币政策对企业盈利能力直接影响作用不明，有待检验。

假设6：货币政策对企业营运能力直接影响作用不明，有待检验。

对研究假设1的检验蕴含于对假设2至假设6的检验之中，在做出检验的同时，也将实现对两类渠道效应的对比，从而挖掘货币政策传导对企业财务的非对称性效应。

2.3 研究设计

2.3.1 变量选取

2.3.1.1 企业财务波动

对于企业财务波动，本书以"上市公司财务指数"来测度。赵德武等（2012）提出构建"上市公司财务指数"，该指数体系是以中国上市公司公开的财务报表数据为基础，对上市公司整体的财务信息以动态统计指数的形式进行综合提炼，旨在综合地、动态地反映中国上市公司整体的财务运行态势。

财务指数是一个信息高度浓缩的指标，是一个包含不同时间、不同指标、不同公司的三维信息指数系统。概括起来，财务指数编制的基本流程包括指标选取、指标赋权和指数生成。由于会计数字之间的相互钩稽关系，财务指标之间往往存在较强的相关性，并且业界对财务评价指标的重要性已有较成熟的认识，因此定量方法构建指标体系往往难以取得令人满意的结果；此外，财务指数是一类动态指数，这要求不同时期的指标体系结构保持长期稳定，而定量选择指标法的结果无法满足这一特性，基于以上的考虑，我们以专家意见法构建了指标体系。依据指标的可获得性、科学性与数量性原则，我们深入讨论分析了上市公司的财务评价指标的选择，最终形成了上市公司财务指数系统的基础指标体系。以此为框架，我们完成了"上市公司财务指数系统指标体系调查问卷"的设计与调查工作。此次问卷调查的调查对象包括财政部会计领军班的各类型专家、企业高层管理者、证券公司的分析师等，基本涵盖了财务信息的多方使用者和关注者。以专家对财务指标重要性的评价结果为依据，我们得到了财务指数编制的指标构成，同时对专家评分采用"专家群组赋权法"得到了各指标和各类别的权重。为保证指数的可比性，该指标体系会在较长时期保持稳定。

基于财务指数编制对象的多样性，在编制过程中需要保证数据的可比性，平均法指数形式将更适用于财务指数的构造。考虑到财务指标的可比性问题，编制时最小的分类单位是行业。财务指数编制的基本公式如下：

$$F_{t/t_0} = \sum_{j=1}^{n} I_{jt/t_0} W_{jt} = \sum_{j=1}^{n} \frac{X_{jt}}{X_{jt_0}} W_{jt}, \text{ 其中：} X_{jt} = \frac{\sum\limits_{i=1}^{m} P_{ijt} \phi_{it}}{\sum\limits_{i=1}^{m} Q_{ijt} \phi_{it}} \quad (2.1)$$

F_{t/t_0} 即 t 期相对于基期 t_0 的定基财务指数。式中，P_{ijt} 与 Q_{ijt} 分别表示 i 公司 t 时期 j 指标的计算公式的分子项与分母项，ϕ_{it} 是公司权重（资产占比），m 为上市公司个数，X_{jt} 表示 t 期的样本上市公司整体的 j 指标，I_{jt/t_0} 是 j 指标 t 期的定基个体指数，W_{jt} 是 j 指标 t 期的权重，n 是财务指标个数，φ_{it} 是各公司的资产占比权重。

从编制内容来看，上市公司财务指数包括偿债能力指数、营运能力指数、盈利能力指数、现金流量能力指数和成长能力指数。

财务指数的编制，是财务理论冲破微观经济框架、进入宏观分析领域的尝试，将单个企业的分析扩展到宏观财务评价。借助财务指数信息，我们将企业微观财务信息上升至宏观财务的概念，从而突破了货币政策与企业财务的宏微观差异性，实现了对两个传导渠道效应的动态对比分析。

2.3.1.2 货币政策

就货币政策变量而言，大量的文献对此已有较为成熟的共识，一般来说，选择上海银行间同业拆放 7 日利率为市场利率的研究变量，货币供应量 $M2$ 作为货币渠道的替代变量。就信贷渠道变量，较多文献使用了金融结构各项贷款余额。我们测算了金融机构各项贷款余额与其他货币政策变量的相关性，结果发现金融机构各项贷款余额与 $M2$ 的相关系数高达 0.999 208，可见将金融结构各项贷款余额视作货币政策信贷渠道的变量难以提供货币政策传导的增量信息。部分学者认为货币政策除了影响银行贷款规模外，还可引起债券、股票融资等其他直接融资水平的变化，使得信用渠道的内涵发生变化，在此背景下，社会融资规模可以更全面有效地衡量社会信用可得性，并与货币政策最终目标更具相关性（盛松成 等，2008；张春生 等，2013；孙国峰 等，2015）。经测算，社会融资规模与 $M2$ 存在较弱相关性，且与 Shibo 几乎没有同期的线性相关，说明社会融资规模具有明显的信息含量。因此，本节以社会融资规模 LAFRE 作为信贷渠道的替代变量。综上，本节的变量选择及说明如表 2.1 所示。

表 2.1　变量选择及说明

变量名称		变量符号	变量定义
企业财务变量	盈利能力指数 偿债能力指数 成长能力指数 营运能力指数 现金能力指数	Profitability Solvency Growth Operation Cash	以 2007 年第一季度为基期，分别由财务指数编制公式计算得到
货币政策变量	货币渠道变量	M2 SHIBO	货币与准货币 上海银行间同业拆放 7 日利率
	信贷渠道变量	LAFRE	社会融资规模

2.3.2　样本与模型

本节的样本期间是 2007 年一季度至 2015 年一季度。财务指数的编制对象是中国 A 股市场的全部非金融类上市公司，是以新会计准则实施的第一年 2007 年一季度为基期编制的各类定基指数。财务指数编制的数据来源于 CSMAR 国泰安数据库，货币政策数据均来源于我国央行统计数据库。为保证两类研究变量性质的一致性，我们将各货币政策变量的月度数据做简单平均后调整为季度数据。

本节研究货币政策传导的货币渠道与信贷渠道对企业财务的效应，包括影响的有效性、影响的时间响应、影响的方向与幅度、基于研究目的与动态数据的特征，本节采用结构向量自回归（SVAR）模型。

普通向量自回归（VAR）模型，考虑了内生变量的滞后项，从而将单变量自回归模型拓展为多元时间序列变量组成的"向量"自回归模型。滞后 p 阶的 VAR 模型可表达为

$$\boldsymbol{y}_t = A_1 \boldsymbol{y}_{t-1} + A_2 \boldsymbol{y}_{t-2} + \cdots + A_P \boldsymbol{y}_{t-p} + \boldsymbol{B} \boldsymbol{x}_t + \boldsymbol{\mu}_t \qquad (2.2)$$

其中，$\boldsymbol{y}_t$ 为 k 维内生变量向量；$\boldsymbol{x}_t$ 为 d 维外生变量向量；$\boldsymbol{\mu}_t$ 是 k 维误差向量；$\boldsymbol{B}$ 是需要估计的系数矩阵。

结构向量自回归模型（SVAR）即在 VAR 模型的基础上，把内生变量的当期值也加入模型。以两变量 SVAR 模型为例：

$$x_t = b_{10} + b_{12} z_t + \gamma_{12} z_{t-1} + \mu_{xt} \qquad (2.3)$$

$$z_t = b_{20} + b_{21} x_t + \gamma_{21} x_{t-1} + \gamma_{22} z_{t-1} + \mu_{zt} \qquad (2.4)$$

其中，x_t 和 z_t 均是平稳随机过程；随机误差项 μ_{xt} 和 μ_{zt} 是白噪声序列，并且它们之间不相关。系数 b_{12} 表示变量的 z_t 的变化对变量 x_t 的影响；γ_{21} 表示 x_{t-1} 的变化对 z_t 的滞后影响。该模型同样可以用如下向量形式表达：

$$B_0 \, y_t = \tau_0 + \tau_1 \, y_{t-1} + \mu_t \qquad (2.5)$$

可见，SVAR 的特点在于可以讨论变量间是否存在当期影响关系，因此 SVAR 的检验范围更广，结果更为可靠。在 SVAR 模型条件下，可以考察企业财务变量对货币政策变量的脉冲响应，从而对货币政策变量的效应做出对比分析。

2.4 实证检验与结果分析

2.4.1 单位根检验

依据指标性质，本节对除利率外的货币政策变量分别取对数，全部研究变量的单位根检验（ADF）结果见表 2.2。

表 2.2 变量的单位根检验（ADF）结果

变量	检验形式	t 统计量	临界值	结论
Solvency	$(c, t, 1)$	−10. 226 31	−4. 284 6***	平稳
Profitability	$(c, 0, 7)$	−8. 780 847	−3. 724 1***	平稳
Cash	$(c, 0, 4)$	−2. 867 579	−2. 625 1*	平稳
Operation	$(c, t, 6)$	−5. 934 086	−4. 356 1***	平稳
Growth	$(c, t, 0)$	−9. 887 377	−4. 273 3***	平稳
LAFRE	$(c, t, 1)$	−4. 271 628	−3. 562 9**	平稳
LM2	$(0, 0, 4)$	−0. 908 206	−1. 609 8*	不平稳
Δ（LM2）	$(c, t, 1)$	−5. 215 692	−4. 296 7***	平稳
SHIBO	$(c, 0, 0)$	−1. 438 978	−2. 617 4*	不平稳
Δ（SHIBO）	$(0, 0, 0)$	−4. 993 524	−2. 641 7***	平稳
LSHIBO	$(c, 0, 0)$	−1. 483 186	−2. 617 4*	不平稳
Δ（LSHIBO）	$(c, 0, 0)$	−4. 533 645	−3. 661 7***	平稳

注：检验形式 (c, t, p) 中 c、t、p 分别代表常数、时间趋势和滞后阶数；临界值后的 *、** 和 *** 分别为 10%、5% 和 1% 显著水平下所对应的临界值。

可见，财务指数各变量都平稳，货币政策变量中 LAFRE 平稳，而 LM2 和 SHIBO 是 1 阶差分平稳。

2.4.2 SVAR 模型的构建

为了与本章的研究假设一一对应，同时也为了提高估计的精确度，避免研究变量过多而损失较多自由度，这里将各类别财务指数分别与三个货币政策变量构建 SVAR 系统，以此考察货币渠道与信贷渠道对各财务能力的效应。

2.4.2.1　偿债能力与货币政策传导

以偿债能力指数（solvency）与货币政策变量构建 VAR 系统，依据 AIC、SC、HQ 信息准则，VAR 系统最终确定滞后阶数为 2，Johansen 协整检验结果显示在 5%显著水平下四个变量存在协整关系，且 VAR 模型的特征方程根均在单位圆以内，模型稳定。

在此基础上，本节考察变量间的 SVAR 关系。根据相关经济学理论及货币政策对公司财务能力的传导分析，我们设定约束条件如下：①利率水平只受到当期自身的影响，对其他变量当期没有反应；②货币供应量不会受到当期社会融资规模和公司偿债能力的影响；③社会融资规模不会受到当期公司偿债能力的影响。由此，SVAR 扰动项与结构冲击项的关系表达如下：

$$A\varepsilon_t = B U_t, \ \text{即}$$

$$
\begin{pmatrix}
1 & 0 & 0 & 0 \\
a_{21} & 1 & 0 & 0 \\
a_{31} & a_{32} & 1 & 0 \\
a_{41} & a_{42} & a_{43} & 1
\end{pmatrix}
\begin{pmatrix}
e_t^{\text{SHIBO}} \\
e_t^{\text{LM2}} \\
e_t^{\text{LAFRE}} \\
e_t^{\text{Solvency}}
\end{pmatrix}
=
\begin{pmatrix}
b_{11} & 0 & 0 & 0 \\
0 & b_{22} & 0 & 0 \\
0 & 0 & b_{33} & 0 \\
0 & 0 & 0 & b_{44}
\end{pmatrix}
\begin{pmatrix}
u_t^{\text{SHIBO}} \\
u_t^{\text{LM2}} \\
u_t^{\text{LAFRE}} \\
u_t^{\text{Solvency}}
\end{pmatrix}
$$

极大似然估计结果为

$$
A =
\begin{pmatrix}
1.000\,000 & 0.000\,000 & 0.000\,000 & 0.000\,000 \\
0.012\,995 & 1.000\,000 & 0.000\,000 & 0.000\,000 \\
0.081\,858 & -14.655\,83 & 1.000\,000 & 0.000\,000 \\
-0.017\,314 & -0.832\,983 & 0.018\,907 & 1.000\,000
\end{pmatrix}
$$

但（a_{41}，a_{42}，a_{43}）系数均没有通过显著性检验，说明货币政策变量并不能在当期对企业偿债能力产生显著影响。

进一步地，这里对变量进行格兰杰（Granger）因果关系检验。由于篇幅所限，以及本书的研究目的在于挖掘货币政策对企业财务的影响效应，因此此部分仅列示货币政策变量与财务指数之间的检验结果，而对货币政策内部的检验结果不做赘述，下同。表 2.3 是有关的因果检验结果。

表 2.3　偿债能力指数与货币政策变量的 Granger 因果检验

方程	卡方统计量	自由度	P 值	检验结论
Solvency 方程	1.748 219	2	0.417 2	SHIBO 不是 Solvency 的 Granger 原因
	9.625 600	2	0.008 1	LM2 是 Solvency 的 Granger 原因
	6.386 137	2	0.041 0	LAFRE 是 Solvency 的 Granger 原因
	74.665 52	6	0.000 0	三个货币政策变量整体是 Solvency 的 Granger 原因

Granger 检验结果显示货币供应量和社会融资规模都能显著影响上市公司的偿债能力，就显著性水平而言，货币供应量对偿债能力的影响显著性更高。偿债能力对两个货币政策变量的结构脉冲响应如图 2.1 所示。

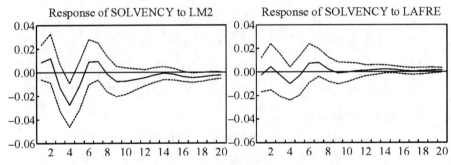

图 2.1　偿债能力指数对货币政策的脉冲响应

可见，对于来自货币政策变量的一个冲击，上市公司偿债能力都会在一季度后发生响应。对于本期 $M2$ 的一个正向冲击，公司偿债能力在半年内会有小幅的上升，但随后却存在下滑趋势，直至第四个季度达到最低点，随后有所反弹调整；对于本期社会融资规模的一个正向冲击，公司偿债能力在前两个季度内存在小幅上升后随即下降，并在第四个季度达到最低点，随后又有了正向的调整。$M2$ 和社会融资规模对公司偿债能力的短期影响方向基本一致，随着货币政策的宽松，上市公司偿债能力都有短期上升的趋势，但随后上市公司的资本结构进入动态调整过程，在宽松的货币政策下，上市公司往往会扩大融资规模，从而使得偿债能力表现为下降，继而又会进行反复的动态调整。比较而言，$M2$ 的影响作用较信贷渠道变量更为明显，影响的持续时间也更长。方差分解结果显示，$M2$ 可以解释偿债能力指数波动的 25% 左右，社会融资规模的解释度不到 5%。可见，检验结果支持假设 1 和假设 2，同时显示货币渠道的效应高于信贷渠道。

2.4.2.2　现金流量能力与货币政策传导

以现金流量能力指数（cash）与货币政策变量构建 VAR 系统，依据信息准则，VAR 系统最终确定滞后阶数为 2，Johansen 协整检验结果显示在 5% 显著水平下四个变量存在协整关系，且 VAR 模型的特征方程根均在单位圆以内，模型稳定。在此基础上，考察变量间的 SVAR 关系，约束条件与前文相同。A 矩阵的极大似然估计结果为

$$A = \begin{pmatrix} 1.000\,000 & 0.000\,000 & 0.000\,000 & 0.000\,000 \\ 0.015\,178 & 1.000\,000 & 0.000\,000 & 0.000\,000 \\ 0.091\,818 & -12.960\,45 & 1.000\,000 & 0.000\,000 \\ 0.350\,487 & 2.337\,847 & 0.524\,843 & 1.000\,000 \end{pmatrix}$$

对于 (a_{41}, a_{42}, a_{43}) 系数，其中 a_{41} 通过了 1% 显著性水平检验，而另外两个系数没有通过显著性检验，即上市公司的现金流量能力会受到当期利率的显著影响，说明公司现金流量对利率具有较高的敏感度。货币政策变量与现金流量能力指数之间的 Granger 因果检验结果如表 2.4 所示。

表 2.4　现金流量能力指数与货币政策变量的 Granger 因果检验

方程	卡方统计量	自由度	P 值	检验结论
Cash 方程	8.710 544	2	0.012 8	SHIBO 是 Cash 的 Granger 原因
	0.316 330	2	0.853 7	LM2 不是 Cash 的 Granger 原因
	3.325 468	2	0.189 6	LAFRE 不是 Cash 的 Granger 原因
	11.766 92	6	0.067 4	三个货币政策变量整体是 Cash 的 Granger 原因

Granger 检验结果进一步证实利率对上市公司现金流量能力的显著影响效应，但货币供应量和社会融资规模对现金流量能力指数不存在显著的效应。现金流量能力指数对利率的结构脉冲响应如图 2.2 所示。

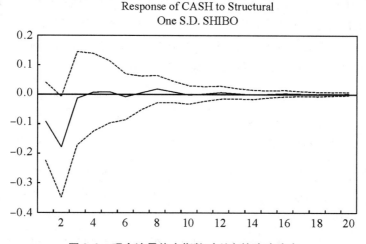

Response of CASH to Structural
One S.D. SHIBO

图 2.2　现金流量能力指数对利率的脉冲响应

由图 2.2 可知，对于本期市场利率的一个正向冲击，上市公司的现金流量能力当期即能做出反应，现金流出现负向波动，并于半年后下降到最低点，随后反弹，并在第四个季度调整至冲击前的均衡位置。方差分解结果显示，市场利率在第二个季度最高能解释上市公司现金流量能力 21% 的波动，其后的影响力也维持在 17% 以上。可见，上市公司现金流量能力对市场利率具有高度的敏感性，当市场利率提高，上市公司当期至第二个季度的现金流会趋于减少，市场利率对上市公司现金流量具有显著的负向效应，但同时公司现金流量能力的自我调整也较为迅速，基本在一年内就消化了市场利率带来的影响，重回前期的均衡水平。由此，检验结果显示货币渠道对企业现金流量有显著效应，而信贷渠道效应不显著，同时结果并没有支持假设 3，当市场利率升高，企业现金持有水平会下降，但在两个季度后现金持有水平会反弹至前期均衡水平。

2.4.2.3 成长能力与货币政策传导

以成长能力指数（growth）与货币政策变量构建 VAR 系统，依据信息准则，VAR 系统最终确定滞后阶数为 1，Johansen 协整检验结果显示在 5% 显著水平下四个变量存在协整关系，且 VAR 模型的特征方程根均在单位圆以内，模型稳定。在此基础上，考察变量间的 SVAR 关系、约束条件与前文相同。A 矩阵的极大似然估计结果为

$$A = \begin{pmatrix} 1.000\,000 & 0.000\,000 & 0.000\,000 & 0.000\,000 \\ 0.014\,414 & 1.000\,000 & 0.000\,000 & 0.000\,000 \\ 0.013\,342 & -14.496\,98 & 1.000\,000 & 0.000\,000 \\ -0.867\,145 & 23.236\,51 & -0.388\,281 & 1.000\,000 \end{pmatrix}$$

对于 (a_{41}, a_{42}, a_{43}) 系数，其中 a_{41} 通过了 5% 显著性水平检验，而另外两个系数没有通过显著性检验，即上市公司的成长能力会受到当期利率波动的显著影响，说明公司规模扩张对利率具有较高的敏感度。货币政策变量与成长能力指数之间的 Granger 因果检验结果如表 2.5 所示。

表 2.5 盈利能力指数与货币政策变量的 Granger 因果检验

方程	卡方统计量	自由度	P 值	检验结论
Growth 方程	0.162 245	1	0.687 1	SHIBO 不是 Growth 的 Granger 原因
	57.024 27	1	0.000 0	LM2 是 Growth 的 Granger 原因
	4.295 475	1	0.038 2	LAFRE 是 Growth 的 Granger 原因
	74.940 80	3	0.000 0	三个货币政策变量整体是 Growth 的 Granger 原因

Granger 检验结果显示货币供应量和社会融资规模都能显著影响上市公司

的成长能力，就显著性水平而言，货币供应量对成长能力的影响显著性更高。尽管市场利率在当期对上市公司成长能力有显著的影响作用，但却不是成长能力波动的 Granger 原因，市场利率对上市公司的成长性有即期的及时冲击，但却不能引起成长能力发生持续的变化。成长能力对三个货币政策变量的结构脉冲响应如图 2.3 所示。

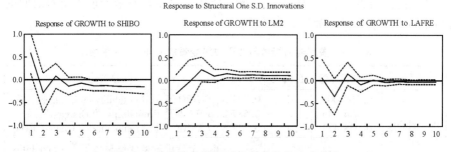

Response to Structural One S.D. Innovations

图 2.3　成长能力指数对货币政策的脉冲响应

本期 *M2* 的一个正向冲击，会使公司成长能力在三个季度内均呈明显的上升趋势，并在第三个季度达到最高点，随后有小幅的回落，但在第五个季度后对成长能力产生稳定的拉动作用。社会融资规模对成长能力的冲击在前两个季度呈反向作用，随后上市公司成长能力存在反弹调整，但基本在第五个季度时社会融资规模对成长能力已没有明显的影响作用。SVAR 显示成长能力会受到市场利率波动的当期影响，尽管市场利率并不是成长能力波动的 Granger 原因，但由脉冲效应图可见，市场利率对上市公司成长能力有明显的负向效应，成长能力指数在第二个季度降到最低点，随后有一定调整，第四个季度后市场利率对成长能力产生了抑制作用。市场利率、货币供应量对成长能力的效应符合经济理论预期，当政府实施紧缩的货币政策，市场利率提高，货币供应量收缩，公司的资金成本上升，资金量趋紧，公司的扩张规模以及经营收入水平都将受到冲击，从而表现为成长性下降，反之亦然。方差分解结果显示，市场利率、货币供应量和社会融资规模分别可解释上市公司成长能力 18%、9% 和 5% 的波动。可见，检验结果显示，对成长能力而言，货币渠道作用大于信贷渠道，同时也证实了假设 4。

2.4.2.4　盈利能力与货币政策

以盈利能力指数（profitability）与货币政策变量构建 VAR 系统，依据信息准则，VAR 系统最终确定滞后阶数为 1，Johansen 协整检验结果显示在 5% 显著水平下四个变量存在协整关系，且 VAR 模型的特征方程根均在单位圆以内，模型稳定。在此基础上，考察变量间的 SVAR 关系，约束条件与前文相同。*A* 矩阵的极大似然估计结果为

$$A = \begin{pmatrix} 1.000\ 000 & 0.000\ 000 & 0.000\ 000 & 0.000\ 000 \\ 0.002\ 877 & 1.000\ 000 & 0.000\ 000 & 0.000\ 000 \\ 0.023\ 408 & -15.526\ 70 & 1.000\ 000 & 0.000\ 000 \\ -0.129\ 732 & -2.774\ 491 & -0.110\ 598 & 1.000\ 000 \end{pmatrix}$$

(a_{41}, a_{42}, a_{43}) 系数均没有通过显著性检验，说明货币政策变量对上市公司当期的盈利能力不能产生显著影响。货币政策变量与盈利能力指数之间的 Granger 因果检验结果如表 2.6 所示。

表 2.6　盈利能力指数与货币政策变量的 Granger 因果检验

方程	卡方统计量	自由度	P 值	检验结论
Profitability 方程	0.109 002	1	0.741 3	SHIBO 不是 Profitability 的 Granger 原因
	0.294 745	1	0.587 2	LM2 不是 Profitability 的 Granger 原因
	0.958 473	1	0.327 6	LAFRE 不是 Profitability 的 Granger 原因
	2.061 157	3	0.559 8	三个货币政策变量整体不是 Profitability 的 Granger 原因

Granger 检验结果显示三个货币政策变量均不是上市公司盈利能力的 Granger 原因，同时三个变量整体也不能显著影响上市公司盈利能力的波动。盈利能力是企业赚取收益，实现资产保值增值的能力，主要由净资产收益率等财务比率予以反映，显然虽然货币政策能调节宏观经济的波动，影响经济总产出、经济增速等，但对微观企业的盈利能力却影响有限，我们认为盈利能力是企业投入与产出的比值，货币政策能同时影响企业的投入与产出的规模，但绝对数量上的波动却难以影响内涵式的比率的变化。实证结果显示无论是货币渠道还是信贷渠道均不能对企业盈利能力产生显著效应。

2.4.2.5　营运能力与货币政策

以营运能力指数（operation）与货币政策变量构建 VAR 系统，依据信息准则，VAR 系统最终确定滞后阶数为 1，Johansen 协整检验结果显示在 5% 显著水平下四个变量存在协整关系，且 VAR 模型的特征方程根均在单位圆以内，模型稳定。在此基础上，考察变量间的 SVAR 关系，约束条件与前文相同。A 矩阵的极大似然估计结果为

$$A = \begin{pmatrix} 1.000\ 000 & 0.000\ 000 & 0.000\ 000 & 0.000\ 000 \\ 0.016\ 197 & 1.000\ 000 & 0.000\ 000 & 0.000\ 000 \\ 0.044\ 121 & -13.001\ 29 & 1.000\ 000 & 0.000\ 000 \\ -0.066\ 846 & 2.969\ 711 & -0.040\ 347 & 1.000\ 000 \end{pmatrix}$$

但 (a_{41}, a_{42}, a_{43}) 系数均没有通过显著性检验，说明货币政策变量对上

市公司当期的营运能力不能产生显著影响。进一步地，对变量进行 Granger 因果关系检验。在此仅列示营运能力指数与货币政策变量的 Granger 因果检验，如表 2.7 所示。

表 2.7　营运能力指数与货币政策变量的 Granger 因果检验

方程	卡方统计量	自由度	P 值	检验结论
Operation 方程	0.416 178	1	0.518 9	SHIBO 不是 Operation 的 Granger 原因
	0.030 634	1	0.861 1	LM2 不是 Operation 的 Granger 原因
	3.662 370	1	0.055 7	LAFRE 是 Operation 的 Granger 原因
	74.665 52	3	0.000 0	三个货币政策变量整体是 Operation 的 Granger 原因

Granger 检验结果显示社会融资规模是营运能力指数波动的 Granger 原因，同时，三个货币政策变量整体能显著影响上市公司营运能力的波动。基于此，营运能力指数对社会融资规模的结构脉冲响应如图 2.4 所示。

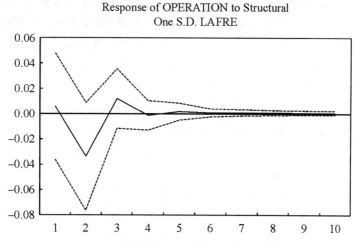

Response of OPERATION to Structural
One S.D. LAFRE

图 2.4　营运能力指数对社会融资规模的脉冲响应

可见，对于本期社会融资规模的一个正向冲击，公司的营运能力在滞后一个季度后发生了负向的波动，并在第二个季度降到最低点，随后又有所反弹，但在第四个季度后营运能力对社会融资规模的响应就消失了。可见，社会融资规模对公司的营运能力的效应是有限的，方差分解结果显示社会融资规模仅能解释公司营运能力波动的 4% 左右。

2.5　结论与启示

基于企业财务波动的视角，本章考察了货币政策的货币渠道、信贷渠道传导的微观有效性与非对称性。研究发现，我国货币渠道与信贷渠道对企业财务波动均具有显著的微观有效性，但二者的影响作用存在非对称性，相对而言，货币渠道的作用明显，其微观效应普遍大于信贷渠道，特别是利率渠道对微观经济的调节作用显著且迅速。货币渠道与信贷渠道效应的非对称性具体表现为：第一，对企业的负债水平，货币渠道与信贷渠道均有显著效应，但货币渠道的影响作用更为显著，企业的负债水平面对货币政策的冲击存在一个动态调整过程，宽松的货币政策将引起企业债务率的提高；第二，企业现金流水平对市场利率有高度敏感性，货币渠道中的利率渠道对其具有显著的负向调节效应；第三，就企业成长性而言，货币渠道与信贷渠道均有显著效应，但信贷渠道作用有限，在宽松性货币政策条件下，企业规模将得以扩张，货币政策的调节效应符合经济预期；第四，就企业营运能力而言，货币政策主要通过信贷渠道对其产生影响，但影响作用有限；第五，就企业盈利能力而言，货币渠道与信贷渠道均没有显著的影响作用。

以上的实证结果为中国货币政策有效性的论证提供了微观证据。同时，实证结果也为中国货币政策的制定与实践带来如下一些启示：

第一，货币渠道的影响作用普遍大于信贷渠道，特别是货币渠道中的利率渠道开始发挥出显著的影响作用，并且较之货币供应量和社会融资规模两个渠道，利率对微观经济的调节作用更迅速，其对企业的规模扩张和现金流水平都能产生当期影响作用。这一结果也初步说明目前中国金融市场发展越趋成熟与市场化，货币渠道的作用越突出，央行在制定具体货币政策时应充分考虑与利用利率对经济的及时调节效应。除利率渠道的影响外，其余货币政策变量对企业财务能力的影响普遍具有滞后效应，一般在一个季度后予以反应，当季度的企业财务水平还难以体现出货币政策调整的效果。同时，企业财务能力对货币政策的反应是一个动态调整过程。

第二，货币政策对企业各类财务能力的影响效应存在差异，货币政策能显著影响企业的负债水平（资本结构）、现金流量能力和成长能力的表现。其中，对企业成长能力的影响与货币政策的宏观效应相对应，大量的理论与实证研究已证明货币政策能显著影响国民经济的产出总量（GDP）与经济增速等。

对企业偿债能力（资本结构）和现金流量能力的影响，属于对企业内部资产分配的调节，这一结果补充了货币政策的微观经济效应，说明货币政策不仅能影响经济总量，也能对微观经济单位内部资产分配具有一定调节作用。

第三，货币政策对企业的盈利能力和营运能力分别呈现没有显著影响与有限的影响效应，这一结果值得我们关注。盈利能力是企业投入与产出之比，主要由净资产收益率等财务比率予以反映，这说明货币政策尽管能够对企业的投入和产出均产生影响，但对其比值却难以产生显著效应，如在宽松性货币政策条件下，企业的资产、收入或利润等都在增长，但其获利能力却难以得到同步的提升。相似地，营运能力是企业销售收入对应收账款、存货或资产的比值，尽管宽松的货币政策带来收入的增长，但同时应收账款、存货或资产的规模也在扩张，因此货币政策对企业营运能力的刺激作用有限且还有可能为负。可见，货币政策对企业内涵式的质量型的发展难以产生显著影响，这也导致近年在中国货币流动性泛滥的背景下，尽管企业表现出了良好的成长性，但企业的发展质量并无明显提升。因此，可以认为目前中国货币政策的政策效力更多体现在规模性的调节作用，对内涵式的质量型的经济发展作用不足。如何运用经济政策提高微观企业的盈利能力与营运水平，这是后续更值得关注的一个问题。

3 基于企业产权性质的货币政策微观效应非对称性研究

3.1 引言

正如上文所述，从微观企业来看，货币政策传导的两条渠道都将对企业的财务状况产生影响：一方面，货币政策通过货币供应量和利率的改变，直接影响企业的融资成本和资产价格，而对企业的生产、投资、消费等经济活动产生影响，进而将影响到企业的整体财务行为；另一方面，货币政策通过信贷条件的改变，间接改变了企业的外部融资约束，如当政府执行紧缩的货币政策时，银行所取得的存款将会减少，银行会减少贷款，这时外部信贷成本增加，企业缩减投资，同时金融市场上的道德风险和逆向选择问题将会更加严重，银行难以判断企业的盈利水平和偿债能力，进而减少放贷，融资供不应求的状况进一步对企业的资源配置造成影响，使得企业的各类财务结构发生变化。

然而，我国所有权性质是企业的重要特征，这一特征将制约货币政策的微观传导效应。从信息成本角度，国有企业与政府关系密切，获得信息的成本低且更及时，且国有银行与国有企业也因此存在着密切的关系（朱凯 等，2009）；从风险角度，国有企业有政府的支持，违约风险低，民营企业自主发展，容易出现管控不足、资金链断裂等问题，面临的市场风险大。但从运行效率上，政府对国有企业的管控也致使企业存在行为约束，因而国有企业也存在运行效率低、管控难的问题。已有较多研究证实了国有企业和非国有企业所面临的融资条件存在显著差异，以国有银行为主的我国信贷市场，国有银行更偏向贷款给国有企业，以获得风险更低的利益，故国有企业相对融资约束少、融资成本低，而对非国有企业存在着明显的信贷歧视（Allen et al.，2005；陆正飞 等，2009；袁淳 等，2010）。

国有企业与非国有企业的不同融资约束条件，会导致货币政策对二者的影响效力存在非对称性。Loren 和 Hongbin（2003）基于中国数据研究发现我国国有银行存在差别贷款行为，银行信贷资金会更多地流向国有企业。陆正飞等（2009）的研究结果表明紧缩性货币政策对国有企业的负债几乎没有影响，而民营企业的负债率会下降或增长放缓，因此，研究普遍认为民营企业面对着融资歧视，面对更高的融资约束（叶康涛 等，2009；李广子 等，2009），同时，民营企业对现金流的敏感度更高，特别是在金融危机的冲击下，由于有政府的支持，国有企业对现金流的敏感度进一步降低（周铭山 等，2012），并且在货币政策的冲击下，两类企业的信贷条件差异更加分化，紧缩性货币政策将进一步降低非国有企业的投资效率（喻坤 等，2014）。饶品贵和姜国华（2013）的研究显示在货币政策紧缩时期，信贷规模的边际增加会促进企业业绩的提高，但这一促进作用主要体现在非国有企业。滑冬玲（2014）研究发现货币政策对国有企业生产效率的正向影响较大且更为持久，对非国有企业的效率作用较小且不稳定。王昌荣等（2016）研究发现紧缩性货币政策能促进国有企业负债水平的提高，且负债融资与国有企业绩效负相关。Zhanshurui 等（2020）研究发现国有企业通过弱化信贷渠道的加速器效应和对利率不敏感的双重路径，从而抑制了货币政策的调控效果。舒长江等（2020）检验了货币政策对企业资产负债率的影响作用，结果显示扩张性货币政策对中小企业与民营企业具有显著刺激效应，但对国有企业和大型企业的影响效应不明显。

可见，现有研究证明了不同产权性质的企业在统一货币政策调控下具有不同的表现，但是研究结论却不尽统一。

基于以上考虑，本章的研究基于货币政策的货币渠道与信贷渠道，从企业全面财务能力出发，包括企业的偿债能力、营运能力、盈利能力、现金流量能力和成长能力，探讨其对企业各类财务能力的非对称性影响。对于这一部分的研究，我们将在理论分析的基础上，从总体和个体两个层面分别构建 SVAR 模型和面板模型进行实证研究，以充分揭示货币政策对不同所有权性质企业的差异性影响，包括影响方向、影响幅度与影响时间，同时进一步证实制约货币政策非对称性的条件，以使研究结论更充分可靠。

3.2 研究文献与理论分析

3.2.1 产权性质对企业的影响

由于企业产权性质的差异，国有企业与非国有企业所面临的融资约束条件明显不同，非国有企业总是存在一定程度的信贷歧视，受到的融资约束程度更高，这已被很多文献充分证明。Brandt 和 Li（2003）对中国企业进行研究，发现相对于民营企业，国有企业能获得更多的银行信贷资金。林毅夫和李志赟指出"由于政策性负担可能造成国有企业的亏损，故为了使国有企业能够持续发展，国有企业必然享有相应的政府补贴，在融资方面，国有企业存在优势，融资规模更大，融资成本更低"[①]。姚洋和卢峰（2004）指出民营企业信贷歧视的原因除了政治和风险因素，还受商业贷款政策和纪律的影响，这加重了信贷歧视。Allen（2005）通过调查研究发现中国民营企业在发展过程中存在明显的融资难等问题。Cull 等（2006）发现，国有企业融资容易但效率低下，民营企业急需资金但融资难。江伟和李斌（2006）发现国有企业能获得更多的长期资金，而地方市场化水平会影响国有银行的信贷歧视程度。方军雄（2007）也得出了类似的结论，发现制度环境的市场化程度能显著影响两类企业的信贷差异。李广子和刘力（2009）的研究也都得出了民营企业存在着明显信贷歧视的结论，且此现象并未随着时间推移而改善。

两类企业所面临的融资约束的差异，导致它们在融资渠道与融资结构上也存在明显差异。Brandt 和 Li（2007）认为相对于国有企业，银行对民营企业有更严格的信用要求，为维持公司发展，民营企业会倾向于通过商业信用的方式融资。Ge 和 Qiu（2007），饶品贵和姜国华（2013），张扬（2016）等的研究也得出了类似的结论。朱凯和俞伟峰（2010）研究发现企业的负债率与企业所有权有关，民营企业的负债率最高，中央政府控股企业的负债率最低，在所得税税率越高时，民营企业和地方政府控股企业越偏向于债务融资。陈耿等（2015）的研究显示由于产权的信贷歧视存在，银行对民营企业有更严格的风险管控，使得民营企业的银行借款期限更短。

在投资行为上，学者普遍证实产权性质不同的企业投资行为存在显著差

---

① 林毅夫，李志赟. 政策性负担、道德风险与预算软约束 [J]. 经济研究，2004（2）：17-27.

异，但研究结论不尽统一。罗琦等（2007）发现过度投资行为与企业所有权有关，民营企业存在过度投资，中、小规模国有企业则不存在这一问题。但俞红海等（2010）发现，相较于民营企业，国有企业过度投资的情况更普遍，特别是在市场化程度较低或经济发展较落后的地方（唐雪松 等，2010）。对于非国有企业，金融市场发育程度和法治水平的提高能促进投资效率的提升，但这一关系对国有企业不显著（李延喜 等，2015）。杨筝等（2017）的研究显示利率市场化推进也能减少企业非效率投资，特别是对国有企业效果显著。

在企业业绩方面，许小年（1997）研究发现，国有股比例越高则企业业绩表现越差，而法人股比例则相反。徐晓东和陈小悦（2003）研究表明，非国有企业经营行为更灵活，公司治理效率更高，管理层面临的内外部监督和激励越多，企业会有更高的价值和更强的盈利能力。刘凤委等（2005）发现产权性质对企业盈余管理程度影响显著，民营企业比国有企业存在更多的盈余管理。徐莉萍等（2006）发现民营企业绩效普遍低于国有企业。黄兴孪（2017）从股权总融资角度进行研究，认为民营企业不管是在短期还是在长期，进行定向增发的业绩都比国有企业更好。赵卿和曾海舰（2017）的研究指出国有企业在产业政策鼓励下获得的信贷资源会优于民营企业，但这一银行增量贷款对企业业绩的促进效应主要存在于民营企业，国有企业业绩并无显著变化。沈戈等（2016）和唐文秀等（2018）分别从企业研发投入对绩效影响的角度对国有与民营企业进行了比较，前者研究表明国有企业研发投入能显著促进企业扩张型绩效，但不能显著影响收益型绩效，民营企业的表现则刚好相反；后者的研究则认为相比国有企业，民营企业的研发投入与产品市场竞争对企业绩效的促进影响作用更显著。

3.2.2 产权性质与货币政策

在我国特殊的产权制度下，企业的财务环境、财务行为和财务能力都存在着显著差异，由此引发了学者在产权制度下对货币政策微观效应非对称性的思考。

研究普遍认为民营企业存在着融资歧视，会面对更多的融资约束（叶康涛 等，2009；李广子 等，2009），同时，民营企业对现金流的敏感度更高，特别是在金融危机的冲击下，由于有政府的支持，国有企业对现金流的敏感度进一步降低（周铭山 等，2012），并且在货币政策冲击下，两类企业的信贷条件差异更加分化，紧缩性货币政策将进一步弱化非国有企业的投资效率（喻坤 等，2014）。滑冬玲（2014）研究发现货币政策对国有企业生产效率的正向影响较大且更为持久，对非国有企业的效率作用较小且不确定。Zhanshurui 等（2020）研究发现国有企业通过弱化信贷渠道的加速器效应和对利率不敏感的双重路径，从而抑制了货币政策的调控效果。舒长江等（2020）检验了货币政策对企业资产负债率的影响作用，结果显示扩张性货币政策对中小企业与民营企业具有显著刺激效应，但对国有企业和大型企业的影响效应不明显。

陆正飞等（2009）的研究结果表明紧缩性货币政策对国有企业的负债几乎没有影响，而民营企业的负债率会直接下降或增长减慢。曾海舰和苏冬蔚（2010）的研究也证实银根紧缩期，民营企业的负债率明显下降，应付款项显著上升，但对国有企业的影响不显著。饶品贵和姜国华（2013）研究发现，货币政策紧缩会对企业下一年度的业绩有促进作用，并且在民营企业中表现得更为显著。滑冬玲（2014）认为货币政策对国有企业生产效率的正向影响较大且更为持久，对非国有企业的效率作用较小且稳定性弱。贺京同和范若滢（2015）研究发现，宽松的货币政策能提高企业的投资效率，特别是对民营企业来说。蔡卫星等（2015）发现，紧缩性货币政策会提高两类企业的现金水平，但是对民营企业的影响更大。张超等（2015）却发现国有企业对货币政策的两类传导渠道更敏感。邱静和刘芳梅（2016）证实在银根紧缩时期，受外部融资环境制约严重的企业业绩增长缓慢，受货币政策影响的程度更深，不过此现象在非国有企业中才是显著的。贺妍和罗正英（2017）研究表明非国有企业对利率显著敏感，且国有企业会降低企业对资金成本的敏感性。舒长江等（2020）检验了货币政策对企业资产负债率的影响作用，结果显示扩张性货币政策对中小企业与民营企业具有显著刺激效应，但对国有企业和大型企业的影响效应不明显。

以上研究文献均已证实基于产权性质的异质性，货币政策对微观企业的影响存在非对称性，但是研究结论不尽统一。我们认为结论的不一致，主要源于相关研究对货币政策的代理变量选择各有不同，在研究中并没有区分货币政策传导是货币渠道还是信贷渠道，而在总论中，我们已分析货币政策不同的传导渠道在有效性、冲击效应及对微观企业影响机制等方面同样具有非对称性。货币政策传导不论对宏观经济还是微观企业而言都是一个复杂的系统，如果不对货币政策传导路径加以区分，则研究结论可能存在一定的偏颇。此外，以上货币政策对两类企业的影响主要集中在某一财务结构、投资行为或经营业绩等的某个方面，较少全面探讨对企业各方面财务能力的影响表现及影响差异。

3.2.3　产权性质下货币政策与企业各类财务能力

3.2.3.1　货币政策与营运能力

针对货币政策对企业营运能力的影响，Gertler 和 Gilchrist（1994）认为货币政策从紧，由于融资约束，企业的销售收入会减少，同时，面临的市场风险更大，企业的营运能力下降。李四海等（2015）研究发现，国有企业比民营企业更易获得银行贷款，货币政策从紧时，国有企业会有更多的应收票据，而民营企业会有更多的应付票据。因此，可以认为国有企业由于政策性的功能，会有更多的政府补贴，同时在融资方面存在明显优势，更易获得贷款；非国有企业对资金成本更敏感，面对货币政策调整时更易受到货币政策的冲击，因此我们认为货币政策对非国有企业营运能力的冲击效应会更强。

3.2.3.2　货币政策与偿债能力

当货币政策从紧时，货币供应量下降，市场利率上升，社会融资规模缩减，融资约束增强，则可能导致企业负债率下降；反之，货币政策宽松时，货币供应量充分，社会融资规模扩大，企业债务资本增加，则可能导致企业偿债水平下降。另外，大量研究显示，非国有企业存在更严重的贷款歧视，国有企业更容易获得银行借款，融资成本低（林毅夫 等，2004；Cull et al.，2006；方军雄，2007）。陆正飞等（2009），曾海舰和苏冬蔚（2010）的研究均证实货币政策从紧时，民营企业的负债水平明显下降，但对国有企业的影响不显著。贺妍和罗正英（2017）的研究表明非国有企业对利率显著敏感，而国有企业对资金成本的敏感性较低。因此，可以认为在货币政策调整时期，对非国有企业的偿债能力或负债率的影响会大于对国有企业的冲击，特别是由于国有企业的负债率可能对利率传导不敏感，因此利率渠道对非国有企业的影响效应有效。

3.2.3.3　货币政策与成长能力

依据 IS-LM 模型，货币政策宽松时企业更易获得外部融资从而改善投资支出，进而影响企业发展能力。大量研究已证实货币政策能够影响企业的投资规模，以此作用于企业产出。本书第二章的研究结果显示，货币渠道与信贷渠道均能引起企业成长能力的波动，相对而言，货币渠道的作用大于信贷渠道。

在产权制度下，非国有企业融资约束强，风险更大，更易受到政策的调控；而国有企业的代理问题更明显，总是存在过度投资行为（俞红海 等，2010；唐雪松 等，2010）。因而，学者普遍认为货币政策对非国有企业的投资具有更大的作用（喻坤 等，2014；程海波 等，2015；何京同 等，2015）。可见，货币政策的调整，对非国有企业在规模性上的冲击效应将会更明显，从而对企业成长能力的表现影响更大。

3.2.3.4 货币政策与现金流能力

一方面，紧缩的货币政策通过增加企业融资成本和限制企业融资规模，造成企业投资减少，或出于预防动机，企业现金持有增加。当货币政策宽松时，则反之。另一方面，货币政策也可通过改变企业现金股利发放策略，来影响企业现金持有水平。在产权制度背景下，陈栋和陈运森（2012），蔡卫星等（2015）均发现，货币政策从紧会显著增加上市公司的现金持有量且对民营企业的影响明显大于国有企业。因此，我们认为在紧缩性货币政策的刺激下，非国有企业会更谨慎地进行资产管理，会更多地增加现金持有，减少对外投资，以防控可能的财务风险，相比而言，国有企业融资风险小，资金预防动机不足，现金流能力受到的影响相对较小。

3.2.3.5 货币政策与盈利能力

企业业绩是衡量企业产出的重要指标之一，一般理论认为宏观经济活跃，货币供应量充足，企业扩大投资，社会消费需求增长，则企业生产与销售规模扩大，业绩向好。从产权性质的角度，饶品贵和姜国华（2013）认为从紧的货币政策对企业业绩有促进作用，但主要存在于民营企业中。邱静和刘芳梅（2016）的研究也显示货币政策对融资环境制约更大的非国有企业的业绩影响更深。我们认为在货币政策紧缩期，对非国有企业来说，信贷资源更加有限，因此对企业盈利能力的影响作用将更加明显。

最后，考虑到国有企业与非国有企业的差异主要表现在二者的融资约束程度上，特别是在银根紧缩时期，非国有企业存在的信贷歧视问题更严重，因此可以预见的是在产权性质下，信贷渠道带来的非对称影响效应可能会更显著。

3.3 宏观层面的实证：产权性质下非对称性的存在

3.3.1 研究设计

3.3.1.1 研究变量

本节的变量设计与本书的第 2 章 2.3.1 节的"变量选取"一致。即，以社会融资规模作为信贷渠道的主要中介变量，以货币供应量 M2 和上海银行间同业拆放 7 日利率作为货币传导渠道的研究变量，以赵德武等（2012）所提出的

"上市公司财务指数"来衡量企业各类型财务能力,见表3.1①。

表 3.1 变量说明

企业财务变量				货币政策变量	
国有企业财务指数		非国有企业财务指数			
co_ Pro	盈利能力指数	nco_ Pro	盈利能力指数	LnAFRE	社会融资规模
co_ Sol	偿债能力指数	nco_ Sol	偿债能力指数	LM2	货币供应量
co_ Gro	成长能力指数	nco_ Gro	成长能力指数	R	上海银行间同业
co_ Ope	营运能力指数	nco_ Ope	营运能力指数		拆放 7 日利率
co_ Cash	现金能力指数	nco_ Cash	现金能力指数		

注:国有企业财务指数在前面加"co",非国有企业财务指数在前面加"nco"。

3.3.1.2 样本与模型

本章实证研究的样本期间是 2007 年 1 季度至 2017 年 2 季度。财务指数的编制对象是中国 A 股市场的全部非金融类上市公司,是以新会计准则实施的第一年(2007 年)一季度为基期编制的各类定基指数。财务数据来源于 CSMAR 国泰安数据库,货币政策变量数据来源于央行的统计数据库。为保证两类研究变量性质的一致性,本章将各货币政策变量的月度数据做简单平均后调整为季度数据。

基于我们的研究目的与动态数据特征,本章也采用结构向量自回归(SVAR)模型。SVAR 的特点在于可以讨论变量间是否存在当期影响关系,因此 SVAR 的检验范围更广,结果更为可靠。

3.3.2 描述统计与单位根检验

3.3.2.1 描述性统计

描述性统计结果显示,从营运能力来看,非国有企业的平均营运能力更强,国有企业和非国有企业均呈现右偏状态,但是国有企业的营运能力表现得更加稳定;从偿债能力来看,非国有企业偿债能力更强,波动幅度大,国有企业呈现右偏状态,非国有企业呈现左偏状态;从成长能力来看,国有企业平均成长性更强,但波动幅度较大;从偏度来看,国有企业和非国有企业均呈现右偏状态;从现金流量能力来看,非国有企业的现金流量能力更强,波动幅度更大,但国有企业现金流量能力指数更加稳定;从盈利能力来看,非国有企业的盈利能力稍强,国有企业的盈利指数呈现左偏状态,非国有企业的盈利指数呈

---

① 此处研究变量的具体解释参见报告的第 2 章 2.3.1 节内容。

现右偏状态。可见，国有企业和非国有企业在五个财务方面均存在差异。

国有企业与非国有企业企业财务指数描述性统计如表 3.2 所示。

表 3.2　国有企业与非国有企业企业财务指数描述性统计

财务能力	产权	平均	中位数	标准差	峰度	偏度	最小值	最大值
营运能力	国有	0.992 5	0.974 7	0.141 4	-0.326 4	0.311 9	0.737 2	1.323 3
	非国有	1.160 9	1.103 1	0.255 0	9.044 6	2.435 8	0.878 4	2.307 3
偿债能力	国有	1.294 1	1.270 3	0.168 1	1.419 1	0.911 5	1.000 0	1.841 4
	非国有	1.765 6	1.813 5	0.411 8	-0.964 3	-0.076 2	1.000 0	2.527 3
成长能力	国有	3.332 6	0.833 6	15.524 4	41.935 5	6.473 5	0.549 3	101.511 7
	非国有	0.821 5	0.741 0	0.318 9	11.600 1	2.689 4	0.318 2	2.330 2
现金流量能力	国有	1.093 5	1.100 6	0.358 2	0.490 9	-0.588 0	0.021 8	1.650 9
	非国有	1.841 9	2.041 8	1.617 0	-0.191 5	-0.146 7	-1.343 0	5.120 2
盈利能力	国有	0.855 1	0.886 1	0.221 2	20.236 2	-3.829 0	-0.328 3	1.143 2
	非国有	1.041 5	1.047 8	0.211 2	1.893 7	0.521 1	0.492 2	1.713 6

3.3.2.2　单位根检验

依据指标性质，本节对除利率外货币政策变量分别取对数，利用 AIC 准则确定单位根检验的滞后项，检验结果如表 3.3、表 3.4 所示。

表 3.3　货币政策变量单位根检验

变量	检验形式	t 统计量	临界值	结论
LNAFRE	$(C, T, 1)$	-4.589 116	-4.205 004 [***]	平稳
LNM2	$(C, T, 1)$	-0.608 038	-3.194 611	不平稳
Δ (LNM2)	$(C, 0, 1)$	-4.249 610	-3.610 452 [***]	平稳
R	$(C, T, 1)$	-1.617 940	-3.194 611	不平稳
R	$(C, 0, 1)$	-4.506 043	-3.610 453 [***]	平稳

表 3.4 两类企业财务指数变量单位根检验

变量	检验形式	t 统计量	临界值	结论
co_ comp	$(C, T, 1)$	−4.461 785	−4.205 004 ***	平稳
co_ cash	$(C, T, 1)$	−5.805 371	−4.205 004 ***	平稳
co_ gro	$(C, T, 1)$	−4.538 493	−4.205 004 ***	平稳
co_ ope	$(C, T, 1)$	−4.347 988	−4.205 004 ***	平稳
co_ pro	$(C, T, 1)$	−4.395 694	−4.205 004 ***	平稳
co_ sol	$(C, T, 1)$	−4.704 700	−4.205 004 ***	平稳
nco_ comp	$(C, T, 1)$	−4.518 971	−4.205 004 ***	平稳
nco_ cash	$(C, T, 1)$	−3.430 519	−3.194 611 *	平稳
nco_ gro	$(C, T, 1)$	−3.072 129	−3.194 611	不平稳
Δ（nco_ gro）	$(C, 0, 1)$	−9.631 721	−3.610 453 ***	平稳
nco_ ope	$(C, T, 1)$	−3.604 278	−3.526 609 **	平稳
nco_ pro	$(C, T, 1)$	−3.495 818	−3.194 611 *	平稳
nco_ sol	$(C, T, 1)$	−2.479 280	−3.194 611	不平稳
（nco_ sol）	$(C, 0, 1)$	−5.251 306	−3.610 453 ***	平稳

注：检验形式（C, T, P）中 C, T, P 分别代表常数、时间趋势和滞后阶数；临界值后的 * 、** 和 *** 分别为 10%、5% 和 1% 显著水平下所对应的临界值。

通过单位根检验可知，货币政策变量中社会融资规模 LNAFRE 平稳，货币供应量 LNM2 和利率 R 一阶差分平稳。国有企业财务指数变量均平稳，非国有企业五个财务能力指数一阶差分平稳。

3.3.3 SVAR 模型的构建

3.3.3.1 货币政策与营运能力

依据 SVAR 系统理论，首先建立 VAR 模型，依据 AIC、SC 和 HQ 信息准则，判断国有企业营运能力指数 VAR 系统滞后阶数为 3，非国有企业企业营运能力指数 VAR 系统滞后阶数为 3。Johansen 协整检验结果显示在 5% 显著水平下四个变量存在协整关系，且 VAR 模型的特征方程根均在单位圆以内，模型稳定。

在此基础上，本节考察变量间的 SVAR 关系。根据相关经济学理论，设定约束条件如下：①利率水平只受到当期自身的影响，对其他变量当期没有反应；②货币供应量不会受到当期社会融资规模和公司营运财务能力的影响；③社会融资规模不会受到当期公司营运财务能力的影响。其他能力假设与此保持一致。由此，SVAR 约束矩阵表达式为

$$A \varepsilon_t = B U_t$$

即

$$
\begin{pmatrix} 1 & 0 & 0 & 0 \\ \alpha_{21} & 1 & 0 & 0 \\ \alpha_{31} & \alpha_{32} & 1 & 0 \\ \alpha_{41} & \alpha_{42} & \alpha_{43} & 1 \end{pmatrix}
\begin{pmatrix} e_t^{SHIBOR} \\ e_t^{LNM2} \\ e_t^{LNAFRE} \\ e_t^{comp} \end{pmatrix}
=
\begin{pmatrix} b_{11} & 0 & 0 & 0 \\ 0 & b_{22} & 0 & 0 \\ 0 & 0 & b_{33} & 0 \\ 0 & 0 & 0 & b_{44} \end{pmatrix}
\begin{pmatrix} u_t^{SHIBOR} \\ u_t^{LNM2} \\ u_t^{LNAFRE} \\ u_t^{comp} \end{pmatrix}
$$

国有企业营运能力 SVAR 模型中,极大似然估计结果为

$$
A = \begin{pmatrix} 1.000\,000 & 0.000\,000 & 0.000\,000 & 0.000\,000 \\ -0.001\,282 & 1.000\,000 & 0.000\,000 & 0.000\,000 \\ -0.001\,163 & -13.167\,12 & 1.000\,000 & 0.000\,000 \\ -0.045\,675 & 3.966\,823 & -0.032\,166 & 1.000\,000 \end{pmatrix}
$$

(α_{41},α_{42},α_{43})中,α_{41},α_{42}系数通过 5% 的显著性检验,说明货币政策变量中的利率和货币供应量能对当期国有企业营运能力产生显著影响。社会融资规模对当期国有企业营运能力影响不显著。同理,非国有企业营运能力指数 SVAR 模型中,极大似然估计结果为

$$
A = \begin{pmatrix} 1.000\,000 & 0.000\,000 & 0.000\,000 & 0.000\,000 \\ -0.002\,440 & 1.000\,000 & 0.000\,000 & 0.000\,000 \\ -0.023\,650 & -12.993\,46 & 1.000\,000 & 0.000\,000 \\ -0.140\,577 & -1.522\,706 & 0.014\,969 & 1.000\,000 \end{pmatrix}
$$

(α_{41},α_{42},α_{43})系数中,α_{41}系数通过了 5% 的显著性检验,说明利率对非国有企业当期营运能力产生的影响显著。分别对国有企业和非国有企业的营运能力与货币政策变量进行 Granger 因果检验,检验结果如表 3.5 所示。

表 3.5　货币政策变量与营运能力的 Granger 关系

方程	统计量	自由度	P 值	检验结论
co_ope 方程	0.620 724	2	0.733 2	SHIBO 不是 co_ope 的 Granger 原因
	2.709 112	2	0.258 1	LM2 不是 co_ope 的 Granger 原因
	7.552 100	2	0.022 9	LAFRE 是 co_ope 的 Granger 原因
	7.552 100	6	0.007 8	货币政策整体是 Co_ope 的 Granger 原因
nco_ope 方程	0.770 475	2	0.680 3	SHIBO 不是 nco_ope 的 Granger 原因
	1.867 289	2	0.393 1	LM2 不是 nco_ope 的 Granger 原因
	6.513 774	2	0.038 5	LAFRE 是 nco_ope 的 Granger 原因
	9.131 379	6	0.166 3	货币政策整体不是 nco_ope 的 Granger 原因

Granger 结果显示，在 5% 的显著性水平下，社会融资规模是国有企业和非国有企业的 Granger 原因；三个货币政策整体在 1% 的显著性水平下是国有企业营运能力的 Granger 原因；利率和货币供应量均不是国有企业和非国有企业营运能力的 Granger 原因；三个货币政策变量整体不能显著影响非国有企业营运能力的波动。基于此，国有企业和非国有企业营运能力对社会融资规模的结构脉冲响应如图 3.1 所示。

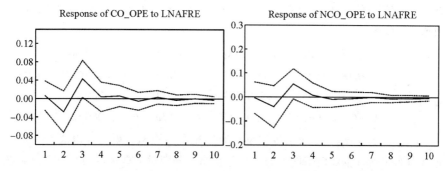

图 3.1　国有企业和非国有企业营运能力对社会融资规模的脉冲响应

可见，对于货币政策社会融资规模的一个正向冲击，国有企业营运能力在滞后一季后发生负向的波动，并在第二季降至最低点，随后开始反弹，至第三季上升至最高点，随后又开始下降，至第四季，国有企业营运能力对社会融资规模的反应就消失了，可见社会融资规模对国有企业营运能力的效应是有限的。对于货币政策社会融资规模的一个正向冲击，非国有企业营运能力的相应态势与国有企业的反应基本一致，但响应幅度却明显大于国有企业。

营运能力即企业资产运行的效率，包含应收账款周转率、流动资产周转率等指标。在货币政策的冲击下，国有企业与非国有企业的营运水平均能做出相应调整。相对而言，国有企业可能存在更多的非市场化行为，并且融资约束成本低；而非国有企业受到的融资约束制约更高，对信贷资金的变化更敏感，因此非国有企业营运水平的调整幅度远大于国有企业。同时，实证结果也显示信贷渠道传导对企业营运能力的调整更显著，而货币渠道的影响则不够显著。

3.3.3.2　货币政策与偿债能力

依据 SVAR 系统理论，首先建立 VAR 模型，依据 AIC、SC 和 HQ 信息准则，判断国有企业偿债能力指数 VAR 系统滞后阶数为 2，非国有企业偿债能力指数 VAR 系统滞后阶数为 1。Johansen 协整检验结果显示，在 5% 显著水平下四个变量存在协整关系，且 VAR 模型的特征方程根均在单位圆以内，模型稳定。构建 SVAR 系统，在国有企业偿债能力 SVAR 模型中，极大似然估计结

果为

$$A = \begin{pmatrix} 1.000\ 000 & 0.000\ 000 & 0.000\ 000 & 0.000\ 000 \\ 3.64E-05 & 1.000\ 000 & 0.000\ 000 & 0.000\ 000 \\ -0.020\ 604 & -14.246\ 98 & 1.000\ 000 & 0.000\ 000 \\ -0.025\ 589 & 0.127\ 044 & -0.028\ 333 & 1.000\ 000 \end{pmatrix}$$

$(\alpha_{41},\ \alpha_{42},\ \alpha_{43})$ 中，α_{41} 通过 10% 的显著性检验，说明利率会对当期国有企业偿债能力产生显著影响。同理，非国有企业偿债能力 SVAR 模型中，极大似然估计结果为

$$A = \begin{pmatrix} 1.000\ 000 & 0.000\ 000 & 0.000\ 000 & 0.000\ 000 \\ 0.001\ 889 & 1.000\ 000 & 0.000\ 000 & 0.000\ 000 \\ -0.024\ 195 & -15.872\ 39 & 1.000\ 000 & 0.000\ 000 \\ -0.044\ 062 & -1.508\ 956 & -0.170\ 946 & 1.000\ 000 \end{pmatrix}$$

$(\alpha_{41},\ \alpha_{42},\ \alpha_{43})$ 中的系数均没有通过显著性检验，说明货币政策变量不能对当期非国有企业偿债能力产生显著影响。分别对国有企业和非国有企业偿债能力与货币政策变量之间进行 Granger 因果检验，检验结果如表 3.6 所示。

表 3.6　货币政策变量与偿债能力的 Granger 关系

方程	统计量	自由度	P 值	检验结论
co_ sol 方程	4.650 244	2	0.097 8	SHIBO 是 co_ sol 的 Granger 原因
	7.920 410	2	0.019 1	LM2 是 co_ sol 的 Granger 原因
	0.523 692	2	0.769 6	LAFRE 不是 co_ sol 的 Granger 原因
	23.106 54	6	0.000 8	货币政策整体是 co_ sol 的 Granger 原因
nco_ sol 方程	5.105 524	2	0.077 9	SHIBO 是 nco_ sol 的 Granger 原因
	1.474 539	2	0.478 4	LM2 不是 nco_ sol 的 Granger 原因
	0.310 189	2	0.856 3	LAFRE 不是 nco_ sol 的 Granger 原因
	8.218 882	6	0.222 5	货币政策整体不是 nco_ solanger 原因

Granger 结果显著，在 10% 的显著性水平下，利率是国有企业偿债能力的 Granger 原因；在 5% 的显著性水平下，货币供应量是国有企业偿债能力的 Granger 原因；在 1% 的显著性水平下，三个货币政策变量整体是国有企业偿债能力的 Granger 原因；在 10% 的显著性水平下，利率是非国有企业偿债能力的 Granger 原因，货币供应量和社会融资规模不是非国有企业偿债能力的 Granger 原因，三个货币政策整体不能显著影响非国有企业偿债能力波动。国有企业和非国有企业偿债能力对利率的脉冲响应如图 3.2 所示。

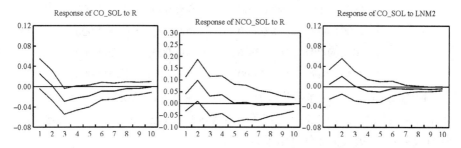

图 3.2　国有企业和非国有企业偿债能力对利率的脉冲响应

对于利率的一个正向冲击，国有企业的偿债能力会滞后一期发生负向的波动，并且在第三季达到最低点，随后开始轻微反弹，但直至第 10 季，国有企业偿债能力仍对利率的冲击有响应；与国有企业偿债能力表现完全不同，对于利率的一个正向冲击，非国有企业偿债能力会滞后一期发生正向的冲击，并且在第二季达到最高点，随后开始波动下降，至第五季非国有企业偿债能力对利率的响应消失；对于货币供应量的一个正向冲击，国有企业偿债能力滞后一期发生正向的波动，至第二季达到最高值，随后持续下降，第三季后呈现负向的影响。至第六季国有企业偿债能力对利率的影响消失。

偿债能力是指企业资产对债务的偿还能力，以上结果显示，当利率上升，国有企业与非国有企业的偿债能力变化方向存在明显差异：当市场利率提高，资本成本上升，为预防财务风险的发生，非国有企业会倾向于减少负债，增加现金持有，故非国有企业偿债能力得以正向调整；而对国有企业而言，其对借贷成本重视相对不足，当利率提高时，国有企业的偿债能力随即下降，受到货币政策更直接的负向冲击。此外，实证结果显示货币渠道对企业的偿债能力影响显著，而信贷渠道均不是两类企业偿债能力变化的原因，市场利率对两类企业的影响效应均显著。

3.3.3.3　货币政策与成长能力

依据 SVAR 系统理论，首先建立 VAR 模型，依据 AIC、SC 和 HQ 信息准则，判断国有企业成长能力指数 VAR 系统滞后阶数为 2，非国有企业成长能力指数 VAR 系统滞后阶数为 2。Johansen 协整检验结果显示在 5% 显著性水平下四个变量存在协整关系，且 VAR 模型的特征方程根均在单位圆以内，模型稳定。

同理，国有企业成长指数 SVAR 模型中，极大似然估计结果为

$$A = \begin{pmatrix} 1.000\,000 & 0.000\,000 & 0.000\,000 & 0.000\,000 \\ 0.001\,487 & 1.000\,000 & 0.000\,000 & 0.000\,000 \\ -0.009\,391 & -14.839\,64 & 1.000\,000 & 0.000\,000 \\ 2.422\,547 & 92.395\,90 & -17.451\,81 & 1.000\,000 \end{pmatrix}$$

但 $(\alpha_{41}, \alpha_{42}, \alpha_{43})$ 系数均没有通过显著性检验，说明货币政策变量并不能在当期对国有企业成长能力产生显著影响。同理，非国有企业成长能力 SVAR 模型中，极大似然估计结果为

$$A = \begin{pmatrix} 1.000\,000 & 0.000\,000 & 0.000\,000 & 0.000\,000 \\ -0.000\,115 & 1.000\,000 & 0.000\,000 & 0.000\,000 \\ -0.021\,274 & -13.518\,92 & 1.000\,000 & 0.000\,000 \\ -0.064\,611 & -0.293\,335 & 0.220\,279 & 1.000\,000 \end{pmatrix}$$

但 $(\alpha_{41}, \alpha_{42}, \alpha_{43})$ 系数均没有通过显著性检验，说明货币政策变量并不能在当期对非国有企业成长性产生显著影响。分别对国有企业和非国有企业成长能力指数与货币政策变量之间进行 Granger 因果检验，检验结果如表 3.7 所示。

表 3.7 货币政策变量与成长能力的 Granger 关系

方程	统计量	自由度	P 值	检验结论
co_ gro 方程	1.868 4	2	0.392 9	SHIBO 不是 co_ gro 的 Granger 原因
	1.048 7	2	0.591 9	LM2 不是 co_ gro 的 Granger 原因
	0.463 9	2	0.792 9	LAFRE 不是 co_ gro 的 Granger 原因
	3.086 8	6	0.797 9	货币政策整体不是 co_ gro 的 Granger 原因
nco_ gro 方程	2.114 8	2	0.347 3	SHIBO 不是 nco_ gro 的 Granger 原因
	0.847 2	2	0.654 7	LM2 不是 nco_ gro 的 Granger 原因
	1.154 4	2	0.561 5	LAFRE 不是 nco_ gro 的 Granger 原因
	3.346 2	6	0.764 3	货币政策整体不是 nco_ gro 的 Granger 原因

Granger 检验结果显示，三个货币政策变量均不是国有企业和非国有企业成长能力的 Granger 原因，同时三个货币政策整体也不能显著影响两类企业成长能力的波动。可见，从总体层面，货币政策对国有企业与非国有企业都不能产生显著影响。

3.3.3.4 货币政策与现金流量能力

同理，依据理论，建立 VAR 模型，依据信息准则判断国有企业现金流量指数 VAR 系统滞后阶数为 2，非国有企业现金流量指数 VAR 系统滞后阶数为 1。

Johansen 协整检验结果显示在 5% 显著性水平下四个变量存在协整关系，且 VAR 模型的特征方程根均在单位圆以内，模型稳定。建立 SVAR 系统，得到国有企业现金流量指数 SVAR 模型中，极大似然估计结果为

$$A = \begin{pmatrix} 1.000\,000 & 0.000\,000 & 0.000\,000 & 0.000\,000 \\ 0.002\,165 & 1.000\,000 & 0.000\,000 & 0.000\,000 \\ 0.007\,862 & -12.819\,89 & 1.000\,000 & 0.000\,000 \\ -0.092\,82 & 6.809\,131 & -0.039\,236 & 1.000\,000 \end{pmatrix}$$

但（α_{41}，α_{42}，α_{43}）系数均没有通过显著性检验，说明货币政策变量并不能在当期对国有企业现金流量能力产生显著影响。非国有企业现金流量 SVAR 模型中，极大似然估计结果为

$$A = \begin{pmatrix} 1.000\,000 & 0.000\,000 & 0.000\,000 & 0.000\,000 \\ -0.001\,248 & 1.000\,000 & 0.000\,000 & 0.000\,000 \\ -0.011\,420 & -14.683\,82 & 1.000\,000 & 0.000\,000 \\ -0.132\,669 & 1.321\,482 & 2.241\,269 & 1.000\,000 \end{pmatrix}$$

（α_{41}，α_{42}，α_{43}）系数中，α_{43} 通过了 5% 的显著性检验，说明非国有企业现金流量指数会受到当期社会融资规模波动的显著影响。分别对国有企业和非国有企业现金流量能力与货币政策变量之间进行 Granger 因果检验，结果如表 3.8 所示。

表 3.8　货币政策变量与现金流量能力的 Granger 关系

方程	统计量	自由度	P 值	检验结论
nco_ cash 方程	2.899 2	2	0.234 7	SHIBO 不是 nco_ cash 的 Granger 原因
	2.928 3	2	0.231 3	LM2 不是 nco_ cash 的 Granger 原因
	0.091 3	2	0.955 4	LAFRE 不是 nco_ cash 的 Granger 原因
	6.516 4	6	0.367 9	货币政策整体不是 nco_ cash 的 Granger 原因
co_ cash 方程	5.854 4	2	0.053 5	SHIBO 是 co_ cash 的 Granger 原因
	2.412 7	2	0.299 3	LM2 不是 co_ cash 的 Granger 原因
	3.412 9	2	0.181 5	LAFRE 不是 co_ cash 的 Granger 原因
	10.798 3	6	0.094 8	货币政策整体是 co_ cash 的 Granger 原因

Granger 检验结果显示，在 10% 的显著性水平下，利率是国有企业现金流量能力的 Granger 原因，同时三个货币政策整体能显著影响国有企业现金流量能力的波动；三个货币政策变量及货币政策整体均不是非国有企业现金流量能力的 Granger 原因。基于此，国有企业现金流量指数对利率的结构脉冲响应如

图 3.3 所示。

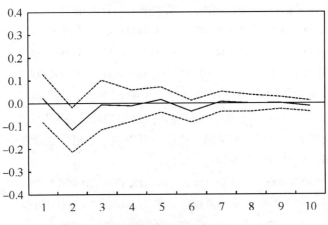

图 3.3 国企现金流量指数对利率的脉冲响应

可见，对于本期社会融资规模的一个正向冲击，国有企业现金流量能力在滞后一季度后发生负向的波动，并在第二季度降到最低点，随后又有所反弹，第四季度后现金流量能力对社会融资规模的响应就消失了。

综上所述，货币政策可以通过利率渠道显著影响非国有企业的现金流量水平，当利率上升时，非国有企业的现金成本上升，因此对非国有企业的现金流量能力产生了一个负向冲击。而国有企业由于对借贷成本不敏感，因此货币政策的调整不能显著影响国有企业的现金水平。

3.3.3.5 货币政策与盈利能力

依据 SVAR 系统理论，首先建立 VAR 模型，依据 AIC、SC 和 HQ 信息准则，判断国有企业盈利能力 VAR 系统滞后阶数为 1，非国有企业盈利能力指数 VAR 系统滞后阶数为 2。Johansen 协整检验结果显示在 5% 显著水平下四个变量存在协整关系，且 VAR 模型的特征方程根均在单位圆以内，模型稳定。国有企业盈利能力 SVAR 模型中，极大似然估计结果为

$$A = \begin{pmatrix} 1.000\,000 & 0.000\,000 & 0.000\,000 & 0.000\,000 \\ -0.002\,045 & 1.000\,000 & 0.000\,000 & 0.000\,000 \\ -0.030\,079 & -12.753\,57 & 1.000\,000 & 0.000\,000 \\ -0.060\,267 & -4.424\,051 & -0.125\,229 & 1.000\,000 \end{pmatrix}$$

$(\alpha_{41}, \alpha_{42}, \alpha_{43})$ 中的系数均没有通过显著性检验，说明货币政策变量不会对国有企业当期盈利能力产生影响。非国有企业盈利能力指数 SVAR 模型

中，极大似然估计结果为

$$
A = \begin{pmatrix}
1.000\,000 & 0.000\,000 & 0.000\,000 & 0.000\,000 \\
0.000\,883 & 1.000\,000 & 0.000\,000 & 0.000\,000 \\
-0.022\,32 & -15.663\,31 & 1.000\,000 & 0.000\,000 \\
-0.119\,440 & -3.023\,068 & 0.079\,639 & 1.000\,000
\end{pmatrix}
$$

$(\alpha_{41}, \alpha_{42}, \alpha_{43})$ 中，α_{41} 通过了显著性检验，说明利率能对当期非国有企业盈利能力产生显著影响，货币供应量和社会融资规模对非国有企业当期盈利能力效果不显著。分别对国有企业和非国有企业盈利能力与货币政策变量之间进行 Granger 因果检验，检验结果如表 3.9 所示。

表 3.9　货币政策变量与盈利能力的 Granger 关系

方程	统计量	自由度	P 值	检验结论
co_ pro 方程	0.428 4	2	0.807 2	SHIBO 不是 co_ pro 的 Granger 原因
	0.098 1	2	0.952 1	LM2 不是 co_ pro 的 Granger 原因
	1.627 4	2	0.443 2	LAFRE 不是 co_ pro 的 Granger 原因
	2.701 2	6	0.845 3	货币政策整体不是 co_ pro 的 Granger 原因
nco_ pro 方程	1.303 8	2	0.521 0	SHIBO 不是 nco_ pro 的 Granger 原因
	3.963 5	2	0.137 8	LM2 不是 nco_ pro 的 Granger 原因
	2.590 4	2	0.273 8	LAFRE 不是 co_ pro 的 Granger 原因
	10.255 0	6	0.114 3	货币政策整体不是 nco_ pro 的 Granger 原因

Granger 检验结果显示，三个货币政策变量均不是国有企业和非国有企业盈利能力的 Granger 原因，同时三个货币政策变量整体也不能显著引起企业盈利能力的波动。本书认为盈利能力是指投入产出比，货币政策能影响企业的投入或产出绝对规模，但对企业的投入产出效率的影响效果有限。

3.3.4　实证结果及解释

通过对货币渠道、信贷渠道变量与各类财务指数的 SVAR 模型的实证研究结果进行分析，总体而言，在产权制度背景下，货币政策传导渠道在国有企业和非国有企业财务能力影响上存在非对称性，具体来说可以得到如下几点结论：

第一，就企业营运能力而言，在货币政策的冲击下，国有企业与非国有企业的营运水平均能做出相应调整，相对而言，信贷渠道是企业营运能力变化的 Granger 原因，而货币渠道对企业营运能力的影响不显著。同时，对于货币政策信贷渠道的一个正向冲击，非国有企业营运能力的波动态势与国有企业的反应基本一致，但波动幅度却明显大于国有企业，这说明货币政策对非国有企业营运能力的影响效应大于对国有企业。

第二，就企业偿债能力而言，在产权背景下，货币渠道，特别是利率渠道的微观有效性及影响的不对称性显著存在，而信贷渠道不能显著影响两类企业的偿债能力。结果显示，当利率上升，国有企业与非国有企业的偿债能力变化方向存在明显差异：当市场利率提高，借贷成本上升，为预防财务风险的发生，非国有企业会倾向于降低负债，增加现金持有，故非国有企业偿债能力得以正向调整；而对国有企业而言，其对借贷成本重视度不够，当利率水平提高时，国有企业的偿债能力随即下降，受到货币政策更直接的负向冲击。

第三，就企业成长能力而言，宏观层面的模型显示，货币政策对国有企业和非国有企业均不能产生显著的影响效应。

第四，就企业现金流量能力而言，在产权制度背景下，利率和信贷渠道对企业现金持有存在不同的传导效应。货币政策可以通过利率渠道显著影响非国有企业的现金流量水平，当利率上升时，非国有企业借贷成本上升，因此对非国有企业的现金流量能力产生了一个负向冲击。而国有企业由于对资金成本不敏感，因此货币政策的调整不能显著影响国有企业的现金水平。

第五，就企业盈利能力而言，研究结果显示三个货币渠道变量均不能对国有企业和非国有企业产生显著的影响效应，我们认为货币政策能影响企业投入或产出的规模，但对企业的投入产出的效率影响效果有限，因而并不能对企业盈利产生显著影响，这一结果与本书的第二部分结论一致。

3.4　微观层面的实证：产权性质下非对称性的表现

3.4.1　研究设计

3.4.1.1　研究变量

与前文一致，本节选取货币供应量 $M2$ 和社会融资规模 AFRE 分别作为货币传导渠道和信贷传导渠道的代表性变量。

就微观企业的财务特征，本节选取流动资产周转率（CAT）和总资产周转率（TAT）作为营运能力的代理变量；偿债能力选取流动比率（CUR）代表短期偿债能力，资产负债率（ALR）代表长期偿债能力；成长能力用营业利润增长率（BPGR）和资本保值增值率（CPA）代表；现金流能力用净利润现金净含量（NPNC）和营业收入现金含量（COI）代表；盈利能力用资产报酬率（ROA）和净资产收益率（ROE）代表。

考虑到企业规模、市场评价与宏观经济状况几个方面对企业财务能力的影响，本书从这三个方面构建了控制变量。一般理论认为行业内规模大的企业，会获得更好的机会，从而财务表现更佳，因此本节选取企业规模（SIZE）控制该因素；同时，效仿 Billett 等（2006）的研究，用市值账面比（MB）代表企业的发展机会。最后，宏观经济波动对企业财务水平的影响不可忽略，本节选取国内生产总值增长率（GDPG）反映宏观经济状况（见表 3.10）。

表 3.10　研究变量定义

类型	变量名称	符号	变量含义
被解释变量	流动资产周转率	CAT	营业收入/流动资产平均占用额
	总资产周转率	TAT	营业收入/平均资产总额
	流动比率	CUR	流动资产/流动负债
	资产负债率	ALR	资产总额/负债总额（逆向化处理）
	营业利润增长率	BPGR	（营业利润本期金额－营业利润上期金额）/营业利润上期金额
	资本保值增值率	CPA	所有者权益本期期末值/本期期初值
	净利润现金净含量	NPNC	经营活动产生的现金流量净额/净利润
	营业收入现金含量	COI	销售商品、提供劳务的现金/营业收入
	资产报酬率	ROA	息税前利润/期末资产总额
	净资产收益率	ROE	净利润/期末所有者权益合计
解释变量	货币供应量	LM2	对数化处理
	社会融资规模	LAFRE	对数化处理
	货币紧缩期	MP	将 2007 年、2010 年和 2011 年设为 1，表示货币政策紧缩期，其余年份设为 0
控制变量	企业规模	SIZE	期初总资产账面价值的自然对数
	账面市值比	MB	资产总计/市值
	年度 GDP 增长率	GDPG	GDP 增长率

基于前文的理论分析，本节的实证研究将更进一步考虑货币政策周期对货币政策效应的影响，因此这里控制了货币政策的阶段。参照 Romer（1990）的做法，本书将货币政策调整和利率变化相结合定义货币政策紧缩期。2007 年，

我国经济增速达到最高峰，货币政策从紧[1]。2007年年底美国次贷危机波及全球，我国央行及时调整货币政策策略。2010年，我国货币政策由宽松转为适度紧缩，2011年存贷款基准利率继续保持上调模式[2]。自2012年央行转变货币政策方向，开始下调存贷款基准利率。2013年7月央行全面放开了金融机构贷款利率管制。可见，2012年之后，货币政策开始处于宽松状态。同时，结合银行间7日拆借利率进行分析，其2007年一直较为稳定，2008年年末下降至1.01%，2010年开始上升，2011年上升趋势持续，达到近几年最高，至2012年利率开始有所下降，之后虽有波动，但是上升趋势不明显，至2015年下降至2007年水平，2015年后基本保持平稳。

以上分析表明银行间拆借利率的变化基本和央行直接对货币政策的调整同步。基于上述分析，我们将2007年、2010年、2011年定义为货币政策紧缩期。

3.4.1.2 数据与模型

本节所使用的财务数据和市场数据全部来自CSMAR数据库，GDP增长率数据来自国家统计局。根据实际控制人性质判定国有企业和非国有企业。在样本选择过程中，对数据做了以下处理：①剔除含B股及H股交叉上市公司，这些公司易受到国际市场波动的影响；②不包含金融类上市公司；③剔除ST/PT公司；④删除数据缺失的样本。最后，对异常值采用Winsorization的方法进行处理。最终的研究样本为857家上市公司，其中国有企业468家，非国有企业389家，样本区间为2007—2016年。

根据我们的样本数据特征，本节微观层面的实证采用面板模型（panel data model），模型设定如下：

$$Y = \beta_0 + \beta_1 * \text{Policy} + \beta_2 * \text{MP} + \beta_3 * \text{MP} * \text{Policy} + \beta_4 * \text{control} + \varepsilon$$

其中 $\text{Policy} = \begin{pmatrix} \text{LNM2} \\ \text{LNAFRE} \end{pmatrix}$，MP表示货币政策紧缩期，当年份处于2007年、2010年和2011年时取1，其余年份取0。控制变量有 $\text{control} = \begin{pmatrix} \text{SIZE} \\ \text{MB} \\ \text{GDPG} \end{pmatrix}$。

3.4.2 描述统计

表3.11是相关研究变量的描述统计。就营运能力两个指标来看，国有企

---

① 2007年，央行上调金融机构存款准备金率10次，上调存贷款基准利率6次。
② 2010年和2011年，央行分别上调金融机构存贷利率2次和3次。

业的均值和中位数均大于非国有企业，两类企业标准差相差不大，整体而言，国有企业营运能力优于非国有企业。

就偿债能力来看，非国有企业流动比率的中位数和均值都大于国有企业，标准差不相上下；从长期偿债角度看，国有企业的资产负债率正向化处理后的均值和中位数都大于非国有企业。以上说明，国有企业和非国有企业的偿债水平表现不一，非国有企业的短期偿债能力表现更好，国有企业的长期偿债能力更有优势。这种差异是否存在货币政策的作用，有待通过后续的实证进一步说明。

就企业成长能力而言，从平均值和中位数看，非国有企业的营业利润增长率和资本保值增值率均大于国有企业，但从标准差来看，非国有企业的波动性更大，对于发展能力，非国有企业潜力更大，但表现不稳定。

针对现金流能力，从平均值和中位数来看，国有企业的净利润现金净含量高于非国有企业，但在营业收入现金含量上，两类企业不相上下，总体而言，国有企业和非国有企业现金流能力差异不大。

就企业的盈利能力而言，在净资产收益率上，非国有企业略优于国有企业，但在资产报酬率方面二者没有差异，总体来说样本数据显示两类企业的盈利能力没有明显差异。

表 3.11 研究变量描述性统计

财务指标	产权	平均	中位数	标准差	最小值	最大值
CAT	非国有	1.340 0	1.110 0	1.050 0	0.090 0	6.220 0
	国有	1.590 0	1.290 0	1.090 0	0.140 0	5.860 0
TAT	非国有	0.670 0	0.570 0	0.480 0	0.050 0	2.970 0
	国有	0.720 0	0.610 0	0.510 0	0.090 0	2.800 0
CUR	非国有	1.830 0	1.440 0	1.082 7	0.280 0	9.840 0
	国有	1.560 0	1.250 0	1.067 9	0.260 0	7.270 0
ALR	非国有	0.480 0	0.490 0	0.054 3	0.080 0	0.850 0
	国有	0.510 0	0.530 0	0.032 9	0.090 0	0.900 0
CPA	非国有	1.170 0	1.070 0	0.350 0	0.630 0	3.140 0
	国有	1.130 0	1.060 0	0.270 0	0.650 0	2.490 0
BPGR	非国有	0.340 0	-0.160 0	10.430 0	-46.070 0	64.090 0
	国有	0.110 0	-0.160 0	9.090 0	-43.650 0	53.350 0

表3.11(续)

财务指标	产权	平均	中位数	标准差	最小值	最大值
NPNC	非国有	1.600 0	0.990 0	5.950 0	-19.850 0	33.460 0
	国有	2.000 0	1.160 0	7.540 0	-24.170 0	47.160 0
COI	非国有	1.030 0	1.040 0	0.200 0	0.480 0	1.810 0
	国有	1.010 0	1.030 0	0.190 0	0.480 0	1.610 0
ROA	非国有	0.050 0	0.040 0	0.070 0	-0.430 0	0.210 0
	国有	0.050 0	0.040 0	0.040 0	-0.120 0	0.190 0
ROE	非国有	0.070 0	0.070 0	0.130 0	-1.880 0	0.350 0
	国有	0.060 0	0.060 0	0.110 0	-0.480 0	0.310 0

3.4.3 微观实证过程

3.4.3.1 货币政策对营运能力的影响

表3.12是相关实证结果，通过相关检验，全样本模型采用混合效应模型，国有和非国有的分组回归建立固定效应模型。

表3.12 货币政策与营运能力回归结果

营运能力	CAT			TAT		
	全样本	国有（FE）	非国有（FE）	全样本	国有（FE）	非国有（FE）
C	-0.035 3	0.669 1	0.264 1	0.127 5	0.290 9	-0.357 9
	(0.947 7)	(0.469 4)	(0.764 3)	(0.597 7)	(0.429 8)	(0.356 4)
MP	-1.910 6 ***	-1.937 3 *	-2.317 4 **	-1.485 5 ***	-1.511 7 ***	-1.722 5 ***
	(0.008 2)	(0.100 3)	(0.036 5)	(0.000 0)	(0.001 3)	(0.000 4)
LNM2	-0.314 2 ***	-0.166 0 ***	-0.147 6 ***	-0.095 5 ***	-0.069 3 ***	-0.059 8 ***
	(0.000 0)	(0.000 5)	(0.000 6)	(0.000 0)	(0.000 3)	(0.001 7)
LNAFRE	0.247 2 ***	0.336 5 ***	0.242 1 ***	0.165 2 ***	0.209 8 ***	0.196 5 ***
	(0.000 0)	(0.000 1)	(0.003 5)	(0.000 0)	(0.000 0)	(0.000 0)
MP * M2	0.247 4 **	0.305 9 *	0.276 0 *	0.212 8 ***	0.261 5 ***	0.234 2 ***
	(0.020 5)	(0.079 6)	(0.091 9)	(0.000 0)	(0.000 2)	(0.001 2)
MP * AFRE	-0.172 4 *	-0.262 8 *	-0.183 2	-0.157 5 ***	-0.227 5 ***	-0.171 7 ***
	(0.065)	(0.084 6)	(0.199 3)	(0.000 2)	(0.000 2)	(0.006 3)

表 3.12(续)

营运能力	CAT			TAT		
	全样本	国有 （FE）	非国有 （FE）	全样本	国有 （FE）	非国有 （FE）
SIZE	0.138 6 ***	−0.016 5	0.020 2	0.004 8 **	−0.036 5 ***	−0.010 7
	(0.000 0)	(0.465 5)	(0.296 8)	(0.021 1)	(0.000 0)	(0.212)
GDPG	2.937 3 ***	3.748 6 ***	4.306 5 ***	1.669 6 ***	1.972 4 ***	2.692 6 ***
	(0.000 0)	(0.000 0)	(0.000 0)	(0.000 0)	(0.000 0)	(0.000 0)
MB	0.000 7	0.005 2	−0.082 5 ***	−0.007 0 ***	0.008 4	−0.057 7 ***
	(0.880 0)	(0.700 2)	(0.000 0)	(0.005 1)	(0.117 8)	(0.000 0)

注：*** 表示通过1%显著性水平，** 表示通过5%显著性水平，* 表示通过10%显著性水平。

表 3.12 显示总资产周转率（TAT）和流动资产周转率（CAT）的关键变量的回归结果基本一致，说明研究结果可靠。以上结果显示，无论是国有企业还是非国有企业，货币渠道对企业的营运能力都存在一个负效应，这是否可以理解为当社会货币供应量加大，企业的资产规模扩张，其资产增长的速度快于其收入的增长，因而周转速度反而会有所减慢。而信贷规模的调节对两类企业的营运能力则呈正向影响效应，说明信贷规模的扩张，融资约束的缓解，能够对企业的营运能力有正向的调节作用。回归模型中 MP 都通过了显著性检验，符号为负，说明货币政策紧缩对国有企业和非国有企业的资金周转情况都有显著的负向影响效应，比较而言对非国有企业的负向冲击更显著，影响也更大，这与我们前文的理论分析及宏观层面的结果一致。

3.4.3.2　货币政策对偿债能力的影响

表 3.13 是货币政策与偿债能力回归结果。

表 3.13　货币政策与偿债能力回归结果

偿债能力	CUR			ALR		
	全样本	国有	非国有	全样本	国有	非国有
MP	−2.179 4 ***	0.974 2	−5.542 9 ***	0.225 5	−0.378 5 *	0.724 8 ***
	(0.001 9)	(0.493 2)	(0.008 2)	(0.149 3)	(0.050 3)	(0.001 2)
LNM2	0.336 1 ***	0.288 5 ***	0.582 3 ***	−0.090 9 ***	−0.084 2 ***	−0.095 3 ***
	(0.000 0)	(0.000 0)	(0.000 0)	(0.000 0)	(0.000 0)	(0.000 0)
LNAFRE	0.110 1 **	−0.024 3	0.197 0	0.028 6 **	0.055 2 ***	0.016 6
	(0.034 3)	(0.817 8)	(0.208 4)	(0.013 9)	(0.000 1)	(0.317 7)

表 3. 13(续)

偿债能力	CUR			ALR		
	全样本	国有	非国有	全样本	国有	非国有
MP * M2	0. 290 6 ***	−0. 162 2	0. 783 9 **	−0. 018 1	0. 058 9 **	−0. 070 2 **
	(0. 005 1)	(0. 440 9)	(0. 011 4)	(0. 433 7)	(0. 039 6)	(0. 033 1)
MP * AFRE	−0. 196 6 **	0. 134 4	−0. 562 0 **	0. 004 5	−0. 044 7 *	0. 028 5
	(0. 030 5)	(0. 464 5)	(0. 037 4)	(0. 824 7)	(0. 073 9)	(0. 320 5)
C	0. 842 8	2. 190 6	−3. 509 8	0. 017 7	−0. 364 4	0. 452 0
	(0. 109 2)	(0. 049 6)	(0. 035 3)	(0. 880 1)	(0. 016 4)	(0. 010 8)
SIZE	−0. 226 2 ***	−0. 194 7 ***	−0. 210 6 ***	0. 065 8 ***	0. 067 2 ***	0. 053 8 ***
	(0. 000 0)	(0. 000 0)	(0. 000 0)	(0. 000 0)	(0. 000 0)	(0. 000 0)
MB	−0. 076 8 ***	0. 008 8	−0. 159 9 ***	0. 025 6 ***	0. 006 1 ***	0. 046 7 ***
	(0. 000 0)	(0. 591 9)	(0. 000 0)	(0. 000 0)	(0. 005 9)	(0. 000 0)
GDPG	1. 431 0 ***	−0. 211 6	3. 135 2 **	−0. 232 3 **	0. 098 3	−0. 481 5 ***
	(0. 000 9)	(0. 813 5)	(0. 019 7)	(0. 015 8)	(0. 420 6)	(0. 000 8)

注: *** 表示通过 1% 显著性水平, ** 表示通过 5% 显著性水平, * 表示通过 10% 显著性水平。

结果显示,在短期偿债能力上,非国有企业和国有企业 M2 系数均为正且通过 1% 的显著性水平,而信贷渠道变量系数不显著,可见,货币政策对企业短期偿债主要是通过货币渠道产生影响,且使得企业短期偿债能力有所提高。以上结果说明银根紧缩对非国有企业的短期偿债能力有显著负向效应,但对国有企业没有显著影响。

在长期偿债能力方面,货币渠道对两类公司的影响都显著为负,说明当货币供应量增加时,长期来看企业会偏向财务杠杆的运用,增加负债,从而表现为偿债能力下降;而信贷渠道只能显著影响国有企业的偿债水平,使得国有企业偿债能力提高,但对非国有企业无显著影响。同时,紧缩的货币政策能对两类企业产生影响,与宏观层面结果一致,在银根紧缩时期,非国有企业更倾向于降低负债水平,从而偿债能力得以提高,而这一影响作用对国有企业不成立。

3.4.3.3 货币政策对成长能力的影响

表 3.14 是货币政策与企业成长能力回归结果。

表 3.14　货币政策与成长能力回归结果

成长能力	BPGR			CPA		
	全样本	国有	非国有	全样本	国有	非国有
C	−0.232 3	−1.571 9	1.287 1	1.397 2 ***	1.713 7 ***	1.755 1 ***
	(0.883 2)	(0.484 5)	(0.599 9)	(0.000 0)	(0.000 0)	(0.000 0)
MP	−10.157 5 ***	−12.380 6 ***	−9.513 6 ***	−1.471 8 ***	−1.415 1 ***	−0.702 4 *
	(0.000 0)	(0.000 0)	(0.002 3)	(0.000 0)	(0.000 0)	(0.053 4)
LNM2	−0.242 4 **	−0.195 4	−0.210 1	−0.009 7	0.024 9 **	0.032 3 **
	(0.001 6)	(0.124 7)	(0.124 7)	(0.310 3)	(0.012 8)	(0.020 4)
LNAFRE	0.344 3 **	0.633 2 ***	0.177 7	−0.034 3 *	0.017 7	−0.068 2
	(0.028 1)	(0.002 8)	(0.442 0)	(0.080 2)	(0.330 7)	(0.021 1)
MP * M2	−0.737 4 **	−0.727 7	−0.844 4	−0.173 9 ***	−0.137 4 ***	−0.093 9 ***
	(0.018 5)	(0.185 4)	(0.167 4)	(0.000 0)	(0.000 1)	(0.079 6)
MP * AFRE	0.001 5	−0.254 6	0.233 1	0.102 0 ***	0.050 4 *	0.068 5
	(0.995 6)	(0.490 4)	(0.562 2)	(0.002 9)	(0.112 1)	(0.140 9)
SIZE	0.025 3 *	−0.063 7	0.030 9	0.010 6 ***	−0.048 6 ***	−0.013 0
	(0.068 8)	(0.364 2)	(0.679 5)	(0.000 0)	(0.000 0)	(0.119 7)
MB	0.020 0	0.047 9	−0.097 6	−0.010 9 ***	−0.001 3	−0.051 7 ***
	(0.290 6)	(0.205 9)	(0.116 4)	(0.000 0)	(0.611 9)	(0.000 0)
GDPG	−2.97 **	−2.344 38	−3.418 83 *	−0.625 6 ***	−0.129 0	−0.623 8 ***
	(0.021 8)	(0.194 3)	(0.084 6)	(0.000 1)	(0.400 8)	(0.006 9)

注：*** 表示通过1%显著性水平，** 表示通过5%显著性水平，* 表示通过10%显著性水平。

　　企业的营业利润增长率与资本保值增值率的回归结果存在一定差异。具体来说，货币供应量能显著影响两类企业的资本规模，但不能显著影响它们的利润规模；信贷渠道可以显著影响国有企业的利润规模与非国有企业的资本规模。在银根紧缩时期，货币渠道可以显著地调节国有企业与非国有企业的资本规模，而信贷渠道的调节效应有限。由此可见，货币政策对企业成长能力的影响主要体现在对其资产规模上的调整，而对其利润规模的调节作用有限，且主要针对国有企业。整体而言，对企业成长能力，货币渠道的调节效应强于信贷渠道。

　　3.4.3.4　货币政策对企业现金流量能力的影响

　　表3.15是货币政策对企业现金流量能力的回归结果。

表 3.15　货币政策对企业现金流量能力的回归结果

现金流能力	NPNC			COI		
	全样本	国有	非国有	全样本	国有	非国有
MP	6.233 7 **	6.872 1 **	6.790 8 **	-0.018 8	0.313 1 **	0.028 1
	(0.018)	(0.015 3)	(0.023 1)	(0.907)	(0.013 2)	(0.862 0)
LNM2	-0.262 8 ***	-0.047 0	-0.269 8 **	-0.021 7 ***	-0.007 9	-0.017 8 ***
	(0.006 3)	(0.705 9)	(0.045 0)	(0.000 2)	(0.115 5)	(0.007 0)
LNAFRE	-0.776 5 ***	-0.754 5 ***	-0.652 0 ***	-0.025 5 **	-0.024 6 ***	-0.031 0 **
	(0.000 1)	(0.000 4)	(0.003 3)	(0.033 0)	(0.008 9)	(0.010 6)
MP * M2	-1.127 3 ***	-1.287 8 ***	-1.072 5 **	-0.022 9	-0.060 9 ***	-0.036 1
	(0.003 9)	(0.002 2)	(0.015 3)	(0.338 3)	(0.001 1)	(0.132 7)
MP * AFRE	0.979 8 ***	1.128 2 ***	0.851 1 **	0.035 8 *	0.055 4 ***	0.050 8 **
	(0.004 2)	(0.002 1)	(0.027 0)	(0.086 8)	(0.000 7)	(0.015 3)
C	9.562 3 ***	7.713 6 ***	14.689 0 ***	1.435 0 ***	1.428 9 ***	1.748 9 ***
	(0.000 0)	(0.000 7)	(0.000 0)	(0.000 0)	(0.000 0)	(0.000 0)
SIZE	0.160 3 ***	0.126 6 *	-0.114 4 *	0.006 4 ***	-0.003 0	-0.007 9 **
	(0.000 0)	(0.062 4)	(0.098 7)	(0.000 0)	(0.269 2)	(0.032 3)
MB	0.078 0 ***	-0.067 9 *	0.421 5 ***	0.001 7	0.000 2	0.010 9 ***
	(0.000 3)	(0.050 0)	(0.000 0)	(0.168 2)	(0.916 2)	(0.000 0)
GDPG	-8.325 1 ***	-6.066 3 ***	-10.231 8 ***	-0.135 5	-0.148 6	-0.221 6 **
	(0.000 0)	(0.000 7)	(0.000 0)	(0.171 6)	(0.065 2)	(0.033 8)

注: *** 表示通过 1% 显著性水平, ** 表示通过 5% 显著性水平, * 表示通过 10% 显著性水平。

　　回归结果均显示,货币渠道和信贷渠道均能显著影响非国有企业的现金流量水平,并且当货币政策宽松时,非国有企业会倾向于扩大投资,提高商业信用水平,从而现金流量能力下降;而国有企业则主要受到信贷渠道影响,调节方向与非国有企业一致。同时,紧缩的货币政策时期,两条渠道均能影响国有企业与非国有企业的现金流量水平,信贷渠道会促使企业持有更多现金,而货币供应量的下降则会降低企业的现金持有能力。

3.4.3.5　货币政策对盈利能力的影响

表 3.16 是货币政策对盈利能力的回归结果。

表 3.16　货币政策与盈利能力的回归结果

盈利能力	ROA			ROE		
	全样本	国有	非国有	全样本	国有	非国有
C	−0.040 3	0.127 4***	−0.115 2***	−0.153 9***	0.117 6*	−0.338 9***
	(0.165 6)	(0.000 0)	(0.004 2)	(0.010 8)	(0.051)	(0.000 0)
MP	−0.022 1	−0.012 0	−0.076 9	0.012 5	−0.092 1	−0.057 2
	(0.566)	(0.729 9)	(0.116 9)	(0.876 4)	(0.228 3)	(0.560 6)
LNM2	0.015 5***	0.010 0***	0.015 3***	0.043 0***	0.027 3***	0.035 4***
	(0.000 0)	(0.000 0)	(0.000 0)	(0.000 0)	(0.000 0)	(0.000 0)
LNAFRE	0.021 6***	0.012 1***	0.027 0***	0.048 9***	0.040 1***	0.061 9***
	(0.000 0)	(0.000 0)	(0.000 0)	(0.000 0)	(0.000 0)	(0.000 0)
MP * M2	−0.013 9**	−0.008 5*	−0.017 6**	−0.019 4**	−0.025 4**	−0.028 3*
	(0.015 3)	(0.098 5)	(0.015 0)	(0.101 9)	(0.024 6)	(0.051 4)
MP * AFRE	−0.018 4***	−0.010 9**	−0.018 7***	−0.029 6***	−0.026 4***	−0.037 1***
	(0.000 2)	(0.015 0)	(0.003 1)	(0.004 4)	(0.007 5)	(0.003 3)
SIZE	0.003 6***	−0.003 0***	0.004 7***	0.015 0***	−0.003 4*	0.013 0***
	(0.000 0)	(0.000 0)	(0.000 0)	(0.000 0)	(0.062 3)	(0.000 0)
MB	−0.005 0***	−0.000 2	−0.010 9***	−0.006 8***	−0.000 5	−0.024 7***
	(0.000 0)	(0.553 8)	(0.000 0)	(0.000 0)	(0.522 9)	(0.000 0)
GDPG	0.160 8***	0.061 5***	0.236 1***	0.220 1***	0.137 6***	0.466 5***
	(0.000 0)	(0.005 1)	(0.000 0)	(0.000 0)	(0.004 2)	(0.000 0)

注：*** 表示通过1%显著性水平，** 表示通过5%显著性水平，* 表示通过10%显著性水平。

资产报酬率与净资产收益率的回归结果基本一致，显示货币渠道与信贷渠道对两类公司的盈利能力均有显著促进作用，说明货币供应量的增加与信贷规模的扩大，以及融资约束的缓解，对企业的盈利能力有正向的调节作用。实证结果还显示，银根紧缩对两个渠道的影响效应具有负向的调节作用但货币渠道的调节作用相对有限。最后，以上的影响作用对于国有企业与非国有企业基本没有差异，可见货币政策对企业盈利水平的影响并没有受到企业产权性质的制约。

3.4.4　微观层面的实证结论

通过以上关于货币政策对企业五个方面财务能力的影响效应分析，我们可以得到以下五点结论：

（1）就营运能力而言，无论是国有企业还是非国有企业，货币渠道对企业的营运能力都存在一个负效应，这是否可以理解为当社会货币供应量越大，企业的资产规模扩张，其资产增长的速度快于其收入的增长，因而周转速度反而会有所减缓。而信贷规模的调节对两类企业的营运能力则呈正向效应，说明信贷规模的扩张，融资约束的缓解，对企业的营运能力有正向的调节作用。回归模型中 MP 都通过了显著性检验，符号为负，说明货币政策紧缩对国有企业和非国有企业的资金周转情况都有显著的负向影响效应，比较而言对非国有企业的负向冲击更显著，影响也更大，这与我们前文的理论分析及宏观层面的结果一致。

（2）就偿债能力而言，货币政策主要是通过货币渠道对企业短期偿债能力产生作用，银根紧缩对非国有企业的短期偿债能力有显著负向效应，具体表现为短期内非国有企业由于货币供应量的下降，企业财务风险上升，短期偿债能力减弱，但国有企业的短期偿债水平却没有受到银根紧缩显著的影响。就国有企业而言，只有货币渠道能对其产生显著的正向效应，信贷渠道对其没有显著影响作用。

在长期偿债能力上，一方面，紧缩的货币政策能对两类企业产生影响，但对非国有企业的影响显著性更强，与宏观层面结果一致，在银根紧缩时期，非国有企业更倾向于降低负债水平，从而偿债能力得以提高；但这一影响作用对国有企业不成立，一般来说国有企业由于激励约束机制差，银根紧缩下资金成本上升，现金流减少，财务风险增加，偿债能力存在下降的情况。另一方面，货币渠道均能对两类企业产生显著的负向效应，表现为当货币供应量增加时，企业会更偏向于运用财务杠杆，更多地负债，从而偿债能力下降；信贷渠道对国有企业的长期偿债能力有一定正向影响，但不能显著影响非国有企业的长期偿债能力。

综上所述，货币政策基于货币渠道影响企业的偿债能力，信贷渠道不能对两类企业的短期偿债能力产生显著影响。同时，货币政策对两类企业偿债能力的影响方向存在一定差异。

（3）就成长能力而言，宏观模型显示，货币政策、货币传导渠道和信贷传导渠道对国有企业和非国有企业成长能力指数的影响均不显著，货币政策对不同所有权性质企业的非对称性影响不存在，与本章假设 H3 不一致。进一步地，从微观角度进行更细致的分析，面板模型显示，货币渠道能显著影响国有企业与非国有企业的资本规模，但不能显著影响它们的利润规模；信贷渠道可以显著影响国有企业的利润规模与非国有企业的资本规模。由此可见，货币政策对企业成长能力的影响主要体现在对其资产规模上的调整，而对其利润规模的调节作用有限。

（4）就现金流能力而言，货币渠道和信贷渠道均能显著影响非国有企业的现金流量水平，并且面对扩张性货币政策，非国有企业会倾向于扩大投资，提高商业信用水平，从而现金流量能力下降；而国有企业则主要受到信贷渠道的影响，调节方向与非国有企业一致。同时，货币政策紧缩时期，两条渠道均能影响国有企业与非国有企业的现金流量水平，信贷渠道会促使企业持有更多现金，而货币供应量的下降则会降低企业的现金持有能力。

（5）就企业盈利能力而言，货币渠道与信贷渠道对两类公司的盈利能力均有显著正向调节的作用，说明货币供应量的增加、信贷规模的扩大，以及融资约束的缓解，对企业的盈利能力有正向的调节作用。同时，银根紧缩对两个渠道的影响效应具有负向的调节作用，但货币渠道的调节作用相对有限。最后，以上的影响作用，国有企业与非国有企业基本没有差异，可见货币政策对企业盈利水平的影响并没有受到企业产权性质的制约。

3.5　结论与启示

本章从企业产权性质出发，深入研究了货币政策传导对两类企业财务能力的影响效应。首先，从宏观数据层面，基于 SVAR 模型，检验了产权制度下货币政策传导渠道非对称性的存在；其次，基于微观企业财务数据建立了微观层面的面板模型，并引入货币政策紧缩虚拟变量，进一步地挖掘了货币政策对国有企业和非国有企业财务影响的非对称性的具体表现。通过这一章的研究，可以得到以下结论：

（1）整体而言，在企业产权性质下，货币政策传导渠道的非对称性效应普遍存在。

（2）就营运能力而言，宏观层面模型显示，货币政策对非国有企业营运能力的影响效应大于对国有企业，且主要体现在信贷渠道的传导作用。微观层面模型显示，货币渠道对两类企业的营运能力存在负效应，即当社会货币供应量增大，企业的资产规模扩张，其资产增长的速度快于其收入的增长，从而资金周转速度反而会有所减慢。而信贷规模对两类企业的营运能力则呈正向调节，说明随着借贷规模的扩大，融资约束程度下降，企业的营运能力能够得以改善。货币政策紧缩对国有企业和非国有企业的资金周转情况都有显著的负向影响效应，比较而言对非国有企业的负向冲击更显著，影响也更大。

（3）就偿债能力而言，不论是货币渠道还是信贷渠道，以及不论是短期偿债能力还是长期偿债能力，对两类企业货币政策均表现出非对称的影响效应。

宏观层面模型显示，货币渠道特别是利率渠道对两类企业偿债能力有显著影响但影响方向相反。当市场利率提高，非国有企业会倾向于降低负债水平规避财务风险，偿债能力得以提高；而对国有企业而言，由于其对借贷成本灵敏度不足，因此当利率提高，国有企业的偿债能力随即下降，而信贷渠道则没有显著影响效应。

微观层面模型显示，就企业短期偿债能力而言，货币渠道有效而信贷渠道没有显著影响作用，且紧缩的货币政策仅对非国有企业的短期偿债能力存在负向效应，而对国有企业没有显著影响作用。就企业长期偿债能力而言，紧缩的货币政策能对两类企业产生影响，但对非国有企业的影响更显著，且影响方向与宏观层面结果一致，也即国有企业与非国有企业在面对银根紧缩时，非国有企业更倾向于降低负债水平，从而偿债能力得以提高；但这一影响作用对国有企业不成立，国有企业由于激励约束机制差，银根紧缩下资金成本上升，现金流减少，因此财务风险增加，偿债能力出现下降的情况。同时，货币渠道均能对两类企业长期偿债能力产生显著的负向效应，但信贷渠道只对国有企业的长期偿债能力有一定正向影响，而不能显著影响非国有企业的长期偿债能力。

（4）就企业成长能力而言，宏观层面的模型显示货币政策不能显著影响企业的成长性。微观模型显示，货币政策对企业的成长能力的影响主要体现在对其资产规模的调整上，而对其利润规模的调节作用有限，并且相对而言，货币渠道的调节效应强于信贷渠道。

（5）就现金流能力而言，宏观层面模型显示，货币政策传导渠道存在非对称性。利率渠道对非国有企业现金流量能力影响显著，利率上升短期内会对非国有企业的现金流量能力产生一个负向冲击；而货币政策均不能对国有企业的现金流量产生显著影响。微观模型显示货币渠道和信贷渠道均能显著影响非国有企业的现金流水平，并且当货币政策宽松时，非国有企业会倾向于提高投资规模，从而现金流量能力下降；而国有企业则主要受到信贷渠道影响，调节方向与非国有企业一致。

（6）就企业盈利能力而言，宏观模型显示货币政策变量均不能对国有企业和非国有企业产生显著的冲击效应，我们认为货币政策能影响企业的投入或产出的规模，但对企业的投入产出的效率影响效果有限。微观模型显示，两类渠道对两类公司的盈利能力均有显著正向调节的作用，但货币渠道的银根紧缩的调节作用有限。以上的影响作用，对国有企业与非国有企业基本没有差异，可见货币政策对企业盈利水平的影响并没有受到企业产权性质的制约。

综上所述，本章的主要结论如表3.17至表3.19所示。

表3.17　产权性质下货币政策对企业财务的非对称性影响效应表现

财务能力	货币政策传导	宏观层面模型			微观层面模型		
		国有	非国有	非对称性	国有	非国有	效应比较
营运能力	利率渠道 货币渠道 信贷渠道	不显著 不显著 有效	不显著 不显著 有效	存在	— 负向 正向	— 负向 正向	— 国有<非国有 国有<非国有
偿债能力	利率渠道 货币渠道 信贷渠道	有效 有效 不显著	有效 不显著 不显著	存在	见表3.18		
成长能力	利率渠道 货币渠道 信贷渠道	不显著 不显著 不显著	不显著 不显著 不显著	不存在	见表3.19		
现金流量能力	利率渠道 货币渠道 信贷渠道	不显著 不显著 不显著	有效 不显著 不显著	存在	— 不显著 负向	— 负向 负向	— 国有<非国有 国有<非国有
盈利能力	利率渠道 货币渠道 信贷渠道	不显著 不显著 不显著	不显著 不显著 不显著	不存在	— 正向 正向	— 正向 正向	— — —

表3.18　货币政策对偿债能力微观模型实证结论

财务能力	货币政策渠道	国有	非国有	效应比较
短期偿债能力	货币渠道 信贷渠道	正向 不显著	正向 不显著	国有<非国有 —
长期偿债能力	货币渠道 信贷渠道	负向 正向	负向 不显著	国有<非国有 国有>非国有

表3.19　货币政策对成长能力微观模型实证结论

财务能力	货币政策渠道	国有	非国有	效应比较
利润的增长	货币渠道 信贷渠道	不显著 正向	不显著 不显著	— 国有>非国有
资本的增值	货币渠道 信贷渠道	正向 不显著	正向 不显著	— —

通过以上研究结论，可以看到货币政策基于不同的传导渠道，对于不同产

权背景的企业及不同的财务能力都存在非对称性，包括影响的显著与否，以及不同的影响程度与不同的影响方向，从而表现出来复杂的非对称性影响效应。整体而言，货币渠道与信贷渠道对企业不同的财务水平各有传导效率，显示出我国货币政策在两条传导渠道均存在微观有效性。但也需要留意，在不同产权性质下，货币政策的两条渠道对企业的营运能力与盈利能力的调节方向还存在差异，这一结果一定程度上也表明，货币政策难以直接对企业的营运和盈利水平产生直接的、方向上的影响作用，这与本书第二章的结果也一致。

以上这些复杂的影响机制，证明了不同产权背景的企业对货币政策的反应均存在差异。货币政策对微观企业各类财务能力的非对称性表现，会减弱货币政策的预期实施效果。针对这些不对称的反应，在实践中对货币政策的设计与操作显得更加重要，还需要考虑政策的实施对不同产权性质企业的影响，需要考虑加大对金融资产和社会资金分流的指导，深化国企改革，推动国有企业市场化运作，并进一步优化投资环境与金融市场化服务，为非国有企业发展提供更好的市场环境与更公平的金融服务。

4 基于经济制度环境的货币政策微观效应的区域非对称性研究

4.1 引言

在货币政策研究中，货币政策的区域效应是一个经典的研究话题，它着重于对统一的货币政策传导与影响效应的空间差异性讨论。早期，学者主要探讨货币政策的统一带来的问题，并未注意过货币政策的区域效应。Scott（1955）对美联储货币政策效果的区域分析拉开了货币政策区域效应研究的序幕。随着Mundell（1961）"最优货币区"理论的提出，越来越多的学者开始研究货币政策在区域间或区域内的非对称性表现及其产生的原因。20世纪90年代，欧元的推出与欧洲中央银行的成立，进一步推动了货币政策传导及效果的空间差异研究。

目前，我国存在明显的区域经济布局，各区域在经济发展、金融结构和市场化水平等制度环境方面存在明显差异。根据Mundell对"最优货币区"的界定，我国显然存在货币政策的区域效应，大量文献也对此进行了证明。杨晓和杨开忠（2007）的研究证实我国货币政策对三大经济带的调控作用从东向西的影响作用逐步下降。王国松（2016）则进一步将东部地区细分为东北部与东部，结论依然一致，只是货币政策对东北地区的作用小于西部地区，成为货币政策效应最弱的区域，这与东北地区经济发展滞后、国有经济占比较高有密切联系。蒋益民和陈璋（2009）以SVAR模型证实我国八大经济带存在显著的货币政策区域差异，产业特征、产出水平与金融市场是差异的主要影响因素。申俊喜等（2011）从省域的视角，运用AD-AS模型证明了我国货币政策效应的省域异质性。金春雨和吴安兵（2017）采用面板平滑迁移模型证实在G20国家，货币政策对产出与通货膨胀也存在着区域效应。黄佳琳和秦凤鸣

（2017）对我国 30 个省（区、市）构建了 MCSGVAR 模型，发现各省（区、市）总产出水平对冲击的反应类似，但强度不一，区域特征与我国八大经济区一致。

纵观以上关于货币政策的区域非对称性研究，已证明了区域之间由于经济发展水平、产业结构、金融市场等经济制度背景的异质性，已影响了货币政策的传导效应，但这些研究的落脚点都在货币政策的宏观效应方面，从区域的某些宏观经济变量的波动来界定货币政策的非对称性特征，而较少从微观企业层面探讨货币政策微观效应的区域非对称性问题。正如上文分析所述，企业的各类财务特征是宏观经济波动的微观反映，货币政策对宏观经济的调节效应最终将体现在微观企业的财务水平变化。

已有大量文献证实了货币政策对企业财务能产生显著的影响，正如本书第二部分所述，从微观企业来看，货币政策传导的两条渠道都将对企业的财务状况产生影响：一方面，货币供应量和利率的改变，将直接影响企业的融资成本和资产价格；另一方面，通过信贷条件的改变，货币政策间接改变了企业的外部融资约束。但这类研究往往忽略了企业所处的外部制度环境对货币政策微观效应的调节作用，这一间接调节作用导致了货币政策的微观效应也呈现出区域非对称性，更没有专门讨论货币政策微观效应非对称性的影响因素及影响表现。

综上所述，本章将从基于企业财务波动的货币政策微观效应入手，探讨货币政策区域非对称性的具体表现，并在此基础上进一步地挖掘导致这一微观效应区域非对称性的影响因素，明晰货币政策区域非对称性的经济与制度背景原因，以此为理解我国货币政策实践，准确预计货币政策效果提供一个可行的视角。

4.2　文献回顾与理论分析

4.2.1　货币政策区域非对称性的存在

货币政策的区域非对称性研究主要存在于面积广阔且区域发展差异较大的国家或地区，因此对欧元区、美国、中国等的货币政策区域非对称性的研究较为丰富。

对于美国，Miller（1979）研究发现货币政策通过引起资源的跨区域流动和金融杠杆放大作用，对美国区域经济产生了显著的不同影响。Carlino 和

Defina（1998，1999）则证实美国货币政策效果在各州存在差异，并利用脉冲响应建立回归模型，发现各州制造业比例和小银行比例是造成此现象的原因。Owyang 和 Wall（2003，2005）研究发现利率与信贷的变化是引起美国八大区域宏观经济变量对货币政策反应差异的关键因素。但 Crone（2007）认为美国货币政策的不对称性是不同经济区域的主要产业对利率的弹性差异，而非信贷传导差异所致。Beckworth（2010）也认为美国货币政策的区域差异主要来自利率渠道。

对于欧盟地区，Gerlach 和 Smets（1995）对德法意三国实证研究发现德国在面对货币政策冲击下的经济增长效应最强，接着是法国，最后是意大利。Huchet（2003）指出货币政策执行过程中出现的不可控或意料之外的情形难免会影响经济发展。Paczynski（2006）表示当一些中东欧国家加入欧元区后，货币政策的区域非对称性更显著，原因在于这些国家间的经济结构差别更大。Feldkircher（2013）发现欧洲新兴国家对美国产生冲击的反应与对欧元区产生冲击的反应一样强烈，而且从长期来看，在欧洲的中部、东部和东南部以及独立国家联合体的欧元区，短期利率的升高将对产出造成负向影响。Georgiadis（2015）使用 GVAR 模型研究了货币政策在欧元区的非对称性，并发现各国的行业利率敏感度、实际工资、就业率等因素是造成区域非对称性的原因。Burriel 和 Galesi（2018）的研究表明非常规货币政策工具的影响是非对称的，且对银行体系更脆弱的国家影响更大。

国内学者也从多个角度进行理论与实证分析，一致认为我国也存在着货币政策区域非对称性。丁文丽（2005）在蒙代尔最优货币区理论的分析框架下运用菲利普斯-罗利坦的动态分布滞后模型实证发现信贷渠道对于经济增长、物价稳定的影响存在区域非对称性。耿识博等（2005）研究了货币政策的区内和区间非对称性以及两者之间的关系。于则（2006）的研究结果显示对货币政策的反应程度，从东部、中部、东北到京津冀地区依次减弱，而西部地区的反应时间较短。杨晓和杨开忠（2007）、申俊喜等（2011）分别运用了 VAR 模型和 AD-AS 模型证明了我国货币政策存在省域异质性。李鹏飞和黄丽君（2016）基于向量自回归模型分析得出在货币政策冲击下产出反应峰值和累积峰值最强的是东部，价格反应高峰和累计峰值最强的是中部。王国松（2016）将经济区域分为东中西部及东北部进行分析，其研究显示货币政策对东北地区的作用最小。金春雨和吴安兵（2017）采用面板平滑迁移模型证实货币政策在 G20 国家对产出与通货膨胀也存在着区域效应。黄佳琳和秦凤鸣（2017）对我国 30 个省（区、市）构建了 MCSGVAR 模型，发现各省（区、市）总产出水平对冲击的反应类似，但强度不一。刘东坡（2018）检验了不同的货币政策代理变量对我国各区域产业的影响，研究表明东中西部的三大产业对货币政策的反应也各不相同。吕建等（2019）使用空间面板模型检验了我国信贷渠道的区域效应，发现东部的空间效应不显著，认为这与东部融资渠道多元化有关。徐书华和李庆华（2020）以地区生产总值为解释变量，建立了我国八大经济区域的货币政策传导的空间向量自回归模型，结果显示区域间和区域内的货币政策效应都有显著差异，货币供应量对实体经济均存在正效应、负效应及中性的影响效果。

以上关于货币政策区域非对称性的研究都是基于宏观经济变量的考察，而从微观企业的视角探讨货币政策区域非对性的研究相对有限。黄志忠和谢军（2013）的研究显示，成熟的区域金融水平会减轻企业的信贷压力，促进企业加大投资，同时能提高货币政策的传导效率。张长海等（2016）以房地产上市企业为样本进行研究，其研究显示宽松的货币政策和地区金融发展水平与企业短期债务正相关，但区域金融质量会削弱货币政策的影响，与货币政策存在替代效应。谢艳等（2019）认为企业的融资难问题呈现明显的地域特征，在区域金融欠发达地区更为突出，实证结果显示区域金融的发展可以减弱紧缩的货币政策对企业的负向影响。

4.2.2 货币政策区域非对称性的原因：经济与制度环境的差异

Mundell（1961）的研究认为由于各国政治、经济、区位、文化、社会、民族、历史以及相关法律与制度的不同，因此对货币政策的响应存在差别。货币政策的区域差异会影响政策的执行效果，为提升传导的效率，很多学者对货币政策区域非对称的产生原因展开讨论，研究思路主要有两种：一种认为区域非对称性主要源于货币政策传导渠道，因此从影响货币政策传导渠道的非对称性因素出发进行研究；另一种认为区域非对称性主要源自区域在经济水平、市场环境、金融发展等经济与制度环境方面的差异，因此直接从以上这些经济制度背景出发进行研究。

最早，欧洲学者表示借贷成本和信贷供给是区域非对称性的主要成因。BIS（1995）指出银行长短期利率和改变资产负债表的能力会造成货币政策区域非对称性。以欧盟国家为例，Borio（1996）认为企业结构、居民消费层次以及金融环境等是造成各国货币政策效应差异的原因。Ehrmann（1998）采取SVAR模型论证分析发现货币政策对欧洲十国的经济影响存在非对称性，究其原因基本上是受传导过程和渠道有效性的影响，越发达的国家越容易受到货币政策的影响。Cecchetti（1999）认为各国的法律制度影响了各国的金融市场发展水平，从而影响了货币政策的非对称性，因此对各国法律体系的协调可以缩小货币政策的区域差异。

林元辉和宛旭明（2004）、宋旺和钟正生（2006）研究认为货币政策传导效率和传导渠道的不同是货币政策区域差异产生的重要原因。曹永琴（2007）采用面板模型测算了我国各区域的货币政策敏感度，进而得出我国货币政策区域非对称性的原因主要是货币政策的传导机制，并指出经济水平与结构特征，及信贷制度是引起传导渠道不同的重要因素。

更多的学者直接从经济发展水平、金融市场程度、市场化水平等制度环境因素直接解释货币政策区域非对称性表现。Kashyap 和 Guiso（1999）、Huchet（2003）、Hanson 等（2006）的研究均显示产业结构与金融体系的差别是造成货币政策区域不对称的主要因素。Arnold（1999）指出货币政策部门和地区不对称的存在也可能是因为利率调整和市场化条件的环境差异（如金融结构、征税制度、法律制度和市场的章程）。Carlino 和 Defina（1999）研究发现产业结构、银行和企业规模均能影响货币政策区域传导效果，但 Arnold 和 Vrugt（2004）对德国的研究却显示货币政策的区域差异只与行业结构相关。Georgiadis（2015）的研究又发现劳动力市场也是影响因素。Samimi 等（2018）利用伊朗 30 个省份的数据研究货币政策对区域企业经济活动的影响，发现区域金融市场发展程度、交通邮政发展程度、劳动力市场等因素会影响货币政策的传导效果。蒋冠和黄合建（2009）、蒋益民和陈璋（2009）的研究均认为金融结构的差异是我国货币政策区域非对称性的主要原因，并建议应加大中西部地区的金融创新和融资服务。王东明和黄飞鸣（2013）认为区域金融市场、银行差异和企业自身特点是影响货币政策不对称的根本原因，相似地，叶永刚和周子瑜（2015）也认为区域经济水平和企业特征差异是影响货币政策不对称的主要原因。

还有部分学者从区域开放程度对货币政策的区域非对称性进行解释，认为对外开放程度越高，货币政策的冲击效应越强（Dornbusch，1998；Cwik et al.，2011；彭惠 等，2013；Coric et al.，2014）。近年来，人口老龄化已成为各国应对经济发展的挑战。Imam（2015）、Kara 和 Thadden（2016）、邹瑾（2017）指出社会老龄化会影响货币政策效力，货币当局应该调整政策及时应对。

由上可见，关于货币政策区域非对称性的两种主要研究思路并没有本质上的差异，归结到最后几乎都证实区域的经济与制度环境的异质性是导致货币政策区域非对性的根本原因。

4.2.3 货币政策区域非对称性的研究方法

自 Sims（1980）提出 VAR 模型之后，由于无须考虑变量间的内生关系，VAR 模型在估计和检验上较为方便，并成为被广泛使用的计量分析模型，特别是在货币政策影响效应研究方面。但是 VAR 模型检验的是单个区域内部变量之间的相互影响，不能纳入多个经济体进行有效的分析。因此，在货币政策的区域非对称性方面，VAR 存在一定局限性。

然而，在全球化的背景下，各国的经济往来日益频繁且不可分割，需要有一个全面系统的模型将全球化因素考虑进来。2004 年，PSW① 提出了全局向量自回归模型（global vector autoregressive，GVAR），它的特色在于借助区域之间的贸易矩阵，将区域内外部经济变动相连接，捕捉外部经济变动对内部经济的影响。随后 Dees、di Mauro、Pesaran 和 Smith（简称 DdPS）在 2007 年运用 GVAR 模型对欧洲区域进行了分析，重点关注美国货币市场变动及石油价格变动对欧美区域的影响，并发现无论是使用固定贸易矩阵（fixed weight）还是时间移动平均贸易矩阵（time-varing weight），得到的结论都一致且与理论相符。DdPS（2007）的此篇文献是运用 GVAR 模型的经典之作，对推广 GVAR 模型在各领域的使用起到了示范作用，也成为货币政策区域非对称性研究的主要模型。

Bettendorf（2018）对九个欧元区国家以及日本、英国、美国建立 GVAR 模型，研究信用违约风险溢出效应对欧元区的影响，研究结果发现风险溢出效应的影响远远强于财政援助溢出效应的影响，而且欧元区的波动主要受德国、法国、意大利等国的冲击。Ong 和 Sato（2018）采用 GVAR 模型分析了近年来亚洲区域经济状况和金融一体化是不是由美国、日本或中国造成的，从广义脉冲响应结果来看，中国对亚洲经济体的产出和利率影响大于美国，而日本对亚洲经济的影响更小一些。蒋帝文（2019）使用 GVAR 模型对比中美欧货币政策，发现中国紧缩性货币政策对欧美经济增长有负向溢出作用，对价格则反之。

对于欧盟区域，Sun 等（2013）使用 GVAR 模型，结合贸易和金融权重矩阵研究欧洲之间的跨国联系，研究显示欧洲各国之间产出增长和利率有很强的联动性，但信贷增长和通货膨胀之间的联系较弱。李佳和陈冬兰（2019）对欧元区 13 个国家构建混合截面 GVAR 模型，结果表明金融市场发达的国家能

---

① PSW 是 Pesaran，Schuerman 和 Weiner 三位研究者的简称。

很好地应对货币政策冲击，且相比货币供应量的冲击，他们对长期利率的反应更强烈。

对于单个国家货币政策区域非对称性的研究，叶永刚和周子瑜（2015）通过对我国省域层面的研究，发现工业产出和工业品价格对货币政策冲击的响应存在区域非对称性。蔡婉华和叶阿忠（2016）选取货币供应量和利率作为全局变量，发现货币供应量和利率对东中西部的产出、消费与投资存在不同的影响作用。黄佳琳和秦凤鸣（2017）构建混合截面 GVAR 模型研究了我国货币政策对各省（区、市）地区产出的区域非对称性，与其他学者的不同之处在于其构建了单独的央行单元，在省级单元内货币供应量作为外生变量出现。Salvatore 等（2019）基于生产和金融体系差异可能影响货币传导机制的观点，建立了 GVAR 模型，考察 2000—2016 年货币政策对意大利实体经济的区域非对称性，研究结果发现货币政策对地区生产总值的影响在意大利北部区域更强烈，这主要是因为地区拥有更完善的银行体系和更优化的生产结构。

综上所述，货币政策的区域非对称性已经被充分证明，造成货币政策区域非对称性的原因主要在于区域经济水平、产业结构、金融市场发育程度、市场化水平及一些企业特征等方面差异，研究方法主要集中在 VAR、GVAR 及改进的 VAR 模型。值得注意的是，从微观企业的视角研究货币政策的区域差异还明显不足，已有文献基本都是站在区域金融发展水平能影响企业融资约束程度，进而影响货币政策效应的角度，研究视角相对单一，且并没有以货币政策区域非对称性为研究出发点。而以货币政策区域非对称性为主题的研究主要还是基于区域宏观经济变量的波动展开，属于货币政策宏观效应的研究范畴。本书前文已充分证明了微观企业是货币政策效应的微观基础，基于企业财务波动的货币政策存在显著的非对称性影响效应，在此基础上，很有必要从微观企业出发，深入探讨货币政策微观效应区域非对称性的具体表现，并挖掘外部经济制度环境对货币政策微观效应的具体影响机制，以更进一步明晰货币政策对不同区域企业的微观不对称。

4.3 货币政策微观效应的区域非对称性表现

4.3.1 研究设计

如本章第 4.2 节所述，已有较多学者研究证明我国货币政策存在显著的区域非对称性，研究方法上目前学术界更多采用全局向量自回归模型 GVAR。本节关于货币政策的区域非对称性的实证设计，与上述研究文献的不同之处主要在于：①货币政策的最终衡量目标不同，已有文献主要以区域产出或价格作为货币政策的作用目标，本书以企业财务为作用目标，因此本节的实证过程是检验基于微观效应的货币政策区域非对称性问题；②在研究方法上，本节通过构建独立的央行单元，建立混合截面全局向量自回归模型（MCSGVAR），以货币供应量和利率代表货币渠道，以信贷余额代表信贷渠道，从货币政策的传导机制研究货币政策对企业财务的非对称性影响。

4.3.1.1 模型设定

本节采用混合截面全局向量自回归模型和脉冲响应函数（IRF）动态阐述我国统一货币政策对各省份企业财务行为的影响，检验我国货币政策区域非对称性的存在。GVAR 模型由 Pesaran 等（2004）提出，主要用于分析含有多个个体的复杂系统，它使用其余平行个体的加权变量作为外生变量，能反映出各变量之间的溢出效应。MCSGVAR 模型与 GVAR 模型的不同之处在于，GVAR 模型中每个个体的 VARX* 模型都采用同一模型形式，且个体之间是同质的。出于研究需要可能会引入不同类的个体，此时由于存在不同类型单元的 VARX* 模型，就需要采用 MCSGVAR 模型。Georgiadis（2015）考虑到欧洲央行的特殊地位，遂将欧洲央行作为单独单元建立 MCSGVAR 模型。相似地，黄佳琳和秦凤鸣（2017）认为我国货币政策的制定以全国水平为参考，且是统一实施，因此将货币政策作为内生变量构建 VAR 模型的做法有失偏颇，他们也将我国央行设立为独立单元，并采用了 MCSGVAR 模型。在此基础上，本书将借鉴以上学者的研究思路，通过构建混合截面全局向量自回归模型，考察货币政策冲击对区域经济影响的异质性。

具体分析步骤如下：第一步，依照现行的省级行政区划，将研究范围锁定在全国 30 个省级行政区①，对每一个省级单位建立 VARX* 模型，并将货币政策变量作为全局变量（外生变量）；第二步，引入与省级单位并列的央行单位，并且只将央行的货币政策变量视为内生的；第三步，估计广义脉冲响应函数，以此反映不同省级单位对各类传导渠道作用下的响应表现。本节使用 Smith 和 Galesi（2014）提供的 GVAR Toolbox 2.0②进行实证分析。

（1）省级行政单元的 VARX* 模型。

对于第 i 个省（区、市），建立如下 VARX*（1，1）模型，考虑到模型自

---

① 考虑统一货币政策，剔除香港、澳门、台湾，以及数据较为缺失的西藏自治区。

② https://sites.google.com/site/gvarmodelling/gvar-toolbox.

由度问题，内生变量和外生变量都设为 1 阶滞后：

$$x_{i,t} = \alpha_{i0} + \boldsymbol{\Phi}_{i1} x_{i,t-1} + \boldsymbol{\Lambda}_{i0} x_{i,t}^{*} + \boldsymbol{\Lambda}_{i1} x_{i,t-1}^{*} + \boldsymbol{Y}_{i0} x_{0,t} + \boldsymbol{Y}_{i1} x_{0,t-1} + u_{i,t}$$

其中，$\boldsymbol{x}_{i,t} = (\text{Lev}_{i,t}, \text{Inventory}_{i,t}, \text{Roa}_{i,t})'$ 为 3×1 维的向量，包含第 i 个省（区、市）工业企业的资产负债率、产成品存货同比发展速度、总资产报酬率三个局内变量；$\boldsymbol{x}_{i,t}^{*} = (\text{Lev}_{i,t}{}^{*}, \text{Inventory}_{i,t}{}^{*}, \text{Roa}_{i,t}{}^{*})'$ 为 3×1 维的局外向量，根据 Pearson 等（2004）的方法，加权平均另外省份的相关变量为第 i 个省（区、市）的局外变量，即 $\text{Lev}_{i,t}{}^{*} = \sum_{j=1}^{30} w_{ij} \text{Lev}_{j,t}$；$\text{Inventory}_{i,t}{}^{*} = \sum_{j=1}^{30} w_{ij} \text{Inventory}_{j,t}$；$\text{Roa}_{i,t}{}^{*} = \sum_{j=1}^{30} w_{ij} \text{Roa}_{j,t}$。权重 w_{ij} 表示第 j 个省（区、市）对第 i 个省（区、市）的相对重要程度，并满足 $w_{ii} = 0$ 且 $\sum_{j=0}^{30} w_{ij} = 1$。$x_{0,t} = (\text{Ln}(M2), \text{Rate}, \text{Ln}(\text{Loan}))'$ 是 3×1 维的全局向量，包含货币渠道变量和信贷渠道变量。

此外，α_{i0} 表示常数项，$\boldsymbol{\Phi}_{i1}$、$\boldsymbol{\Lambda}_{i0}$、$\boldsymbol{\Lambda}_{i1}$、$\boldsymbol{Y}_{i0}$、$\boldsymbol{Y}_{i1}$ 分别是局内、局外和全局变量与其滞后项的系数矩阵，维度为 3×3 阶。显而易见，当局外变量和局内变量的系数均为零时，模型退化为我们所熟悉的 VAR，这就是 GVAR 和 VAR 的差别所在。$u_{i,t}$ 为扰动项，具有截面弱相关，满足 $\bar{u}_{i,t} = \sum_{j=0}^{N} w_{ij} u_{jt} \xrightarrow{p} 0$，$N \to \infty$，且 $u_{i,t} \sim iid(0, \Sigma_{ii})$。

在省级行政单元的 VARX^{*} 模型中，局内变量 $x_{i,t}$ 是内生变量，局外变量 $x_{i,t}^{*}$ 和全局变量满足弱外生性。

（2）央行单元的 VAR 模型。

对于央行单元，构建如下形式的 VAR（1）模型：

$$z_{0,t} = \alpha_{00} + \boldsymbol{\Phi}_{01} z_{0,t-1} + u_{0,t}$$

央行单元的下标记做 0，其中，$z_{0,t} = (x_{0,t}', x_{0,t}^{*}{}')'$。$x_{0,t} = (\text{Ln}(M2), \text{Rate}, \text{Ln}(\text{Loan}))'$ 是央行单元内的局内变量，包含货币供应量、利率、金融机构信贷余额。$x_{0,t}^{*} = (\text{Lev}_{0,t}{}^{*}, \text{Inventory}_{0,t}{}^{*}, \text{Roa}_{0,t}{}^{*})'$ 包含反映全国工业企业财务总体水平的资产负债率、产成品存货同比发展速度、资产回报率，其中 $\text{Lev}_{0,t}{}^{*} = \sum_{i=1}^{30} w_{i} \text{Lev}_{i,t}$，$w_{i}$ 为第 i 个省（区、市）的地区生产总值占国内生产总值的比重。在央行单元中，$x_{0,t}^{*}$ 为内生变量。

此外，α_{00} 为常数项，$\boldsymbol{\Phi}_{01}$ 为内生变量滞后项的 4×4 阶系数矩阵。$u_{0,t}$ 为扰动项，其性质如前所述。

从上述模型可知，各区域企业财务行为通过三条途径受到影响：第一，$x_{i,\,t}$ 受到局外变量 $x_{i,\,t}^*$ 当期和滞后期的影响；第二，$x_{i,\,t}$ 受到全局变量的影响；第三，$x_{i,\,t}$ 受到其余省（区、市）外生冲击的影响，这体现在误差的协方差矩阵中，即 $\sum ij = \mathrm{cov}(\varepsilon_{ilt},\ \varepsilon_{jst})$。

4.3.1.2 变量、样本与数据

对于企业财务数据，目前各省域企业的相关财务指标的统计只限于规模以上工业企业，受限于数据可得性，本节以各省份规模以上工业企业为研究样本，同时以资产负债率衡量企业的融资结构、以资产回报率衡量经营业绩、以产成品存货同比发展速度衡量企业的存货投资行为（张鸿儒 等，2019）。

为考察货币政策的货币渠道和信贷渠道对企业财务行为的影响，货币政策变量这里选取广义货币供应量 $M2$（张晶，2006；蒋益民 等，2009；申俊喜等，2011）、银行间同业拆借 7 天加权平均利率（齐鹰飞，2013；吉亚辉 等，2015）作为货币渠道变量；选取金融机构贷款余额（丁文丽，2006；战明华等，2020）作为信贷渠道变量。

研究样本区间为 2011 年 2 月到 2019 年 12 月，所有数据均为月度数据，由于可能存在季节效应，因此对上述除利率之外的所有变量进行了季节调整[①]，并对货币供应量、金融机构贷款余额取对数[②]。全国层面的工业企业资产负债率、资产回报率、产成品存货同比发展速度分别通过加权平均得到，权重用各省（区、市）生产总值占国内生产总值之比表示。所有变量的定义与符号表示见表 4.1。数据来源于国家统计局和中国人民银行官网。

表 4.1　变量的定义与符号表示

变量类型		变量定义	变量符号
货币政策	货币渠道	货币供应量（对数化处理）	Ln（$M2$）
		利率	Rate
	信贷渠道	金融机构贷款余额（对数化处理）	Ln（Loan）
企业财务	融资结构	资产负债率（总负债/总资产）	Lev
	存货投资	产成品存货同比发展速度	Inventory
	经营业绩	资产回报率（净利润/平均资产总额）	ROA

---

① 由于每年的 1 月数据缺失，季节调整周期为 11 个月。

② 对数化的目的为避免数据剧烈波动和消除潜在的异方差性。

4.3.2 MCSGVAR 的构建

4.3.1.3 权重矩阵的设定

在构建各省（区、市）的局外变量时涉及权重矩阵的构造，学者蔡婉华和叶阿忠（2016）、崔百胜和朱麟（2016）、张红等（2013）利用各省会城市（直辖市）之间距离的倒数构造权重矩阵。然而，随着我国区域经济融合，以及物流、交通及信息技术的发展，各省（区、市）之间的经济往来已难以受到地理距离的限制，而更受区域经济发展特征、政府干预等因素的限制。因此，我们借鉴丁攀和胡宗义（2018）的做法，设置经济距离空间权重矩阵。

由引力模型可知，区域之间的联系随各自经济总量的增长而增加，随区域距离变远而减少，在此设定的经济距离计算公式如下：

$$T_{ij} = \frac{Y_i Y_j}{D_{ij}^2}$$

其中，T_{ij} 表示第 i 个省（区、市）和第 j 个省（区、市）之间的经济距离，Y_i 和 Y_j 分别表示 i 省（区、市）和 j 省（区、市）的地区生产总值。D_{ij}^2 表示两地之间的距离（当 $i=j$ 时，约定 $T_{ij}=0$），由全球行政区划（GADM）数据库提供的经纬度和地理坐标系计算得出。权重矩阵既可以采用固定矩阵（fixed），也可以采用时变矩阵（time-varying），因 Pesaran 和 Smith（2007）证明两种形式的权重对最终结果影响不大，这里采用固定矩阵：对各省（区、市）2011—2019 年的地区生产总值求平均，计算得到固定矩阵，并对矩阵进行标准化。

4.3.2.1 描述性统计

表 4.2 至表 4.4 列示了相关变量的描述统计信息，对每个表所示变量的均值以升序排列。可以看出，沿海一带企业的资产负债率处于较低水平，而西部地区的省（区、市）的负债水平较高。对于产成品存货同比发展速度而言，各地之间的均值差异不大，但是个别省（区、市）的波动幅度较大，如甘肃、海南两地的标准差很高，说明两地的生产状况不稳定。对于资产回报率而言，西部等地的资产回报率处于较低水平，特别是甘肃，其资产回报率的平均值为 -0.34%，且资产回报率波动性也较大；而福建、山东、河南、江西等地的资产回报率较高。

表 4.2　各省（区、市）局内变量资产负债率的描述性统计

省（区、市）	均值	中位数	最大值	最小值	标准差
北京	0.477 7	0.468 2	0.534 1	0.420 3	0.034 3
上海	0.492 5	0.485 6	0.534 0	0.460 5	0.020 9
河南	0.519 1	0.504 1	0.600 8	0.475 2	0.038 8
福建	0.532 8	0.534 2	0.551 7	0.512 9	0.010 6
江西	0.536 9	0.534 2	0.578 3	0.495 9	0.026 0
海南	0.537 2	0.539 0	0.562 7	0.497 7	0.013 3
湖南	0.542 9	0.535 0	0.593 6	0.505 8	0.023 3
江苏	0.550 9	0.541 8	0.589 4	0.517 3	0.025 3
湖北	0.555 0	0.546 7	0.604 3	0.512 0	0.029 4
吉林	0.555 6	0.559 0	0.606 1	0.523 0	0.017 6
陕西	0.558 1	0.561 3	0.577 7	0.534 8	0.010 6
山东	0.569 9	0.562 3	0.649 4	0.548 4	0.026 6
黑龙江	0.573 3	0.571 6	0.588 7	0.564 4	0.006 8
广东	0.574 8	0.577 3	0.598 9	0.553 7	0.012 7
浙江	0.582 1	0.583 0	0.616 4	0.546 4	0.025 0
安徽	0.586 5	0.582 9	0.612 9	0.562 8	0.016 0
河北	0.589 9	0.593 5	0.630 5	0.550 8	0.021 6
四川	0.597 6	0.604 6	0.643 7	0.513 4	0.023 7
新疆	0.600 9	0.606 8	0.646 1	0.511 3	0.035 5
辽宁	0.610 3	0.598 0	0.661 6	0.570 7	0.026 2
重庆	0.614 8	0.619 5	0.642 2	0.573 9	0.020 6
内蒙古	0.617 3	0.617 9	0.649 9	0.589 9	0.015 0
天津	0.625 3	0.630 5	0.658 6	0.587 4	0.021 4
云南	0.628 4	0.634 3	0.654 9	0.577 4	0.018 4
广西	0.633 0	0.634 9	0.650 1	0.611 2	0.007 9
贵州	0.637 6	0.638 9	0.669 7	0.608 4	0.015 6
甘肃	0.641 8	0.642 8	0.661 3	0.611 7	0.009 6

表4.2(续)

省（区、市）	均值	中位数	最大值	最小值	标准差
宁夏	0.663 3	0.664 1	0.695 3	0.609 6	0.018 9
青海	0.675 4	0.679 6	0.736 1	0.607 4	0.023 2
山西	0.720 7	0.722 8	0.767 5	0.665 6	0.029 9

表4.3 各省（区、市）局内变量产成品存货同比发展速度的描述性统计

省（区、市）	均值	中位数	最大值	最小值	标准差
甘肃	1.041 7	0.991 6	1.538 0	0.755 3	0.181 4
黑龙江	1.043 6	1.022 5	1.339 9	0.913 4	0.105 0
上海	1.048 7	1.046 2	1.228 0	0.928 5	0.065 2
山西	1.051 0	1.048 3	1.243 2	0.801 5	0.094 0
辽宁	1.068 8	1.075 9	1.226 0	0.889 7	0.084 3
新疆	1.069 4	1.044 9	1.383 6	0.862 1	0.124 3
河北	1.070 7	1.070 8	1.255 5	0.927 1	0.069 0
海南	1.073 9	1.043 4	1.744 7	0.786 6	0.192 5
宁夏	1.074 4	1.039 1	1.541 2	0.810 8	0.152 6
天津	1.074 4	1.082 8	1.323 9	0.754 3	0.124 3
内蒙古	1.076 3	1.078 5	1.409 0	0.838 8	0.108 3
云南	1.077 1	1.066 1	1.360 8	0.899 5	0.106 6
青海	1.078 6	1.062 3	1.360 9	0.865 8	0.112 1
广西	1.087 9	1.075 2	1.391 2	0.915 8	0.115 9
陕西	1.088 6	1.075 1	1.432 5	0.926 3	0.100 6
广东	1.089 3	1.080 5	1.250 5	0.974 3	0.069 9
北京	1.090 4	1.080 5	1.274 4	0.992 4	0.060 5
吉林	1.090 4	1.085 2	1.380 6	0.834 2	0.120 9
贵州	1.091 3	1.102 6	1.250 1	0.855 2	0.088 1
湖南	1.092 7	1.077 8	1.354 5	0.972 4	0.074 5
浙江	1.093 4	1.068 2	1.303 2	1.000 0	0.080 4
江苏	1.094 3	1.082 1	1.272 5	0.997 7	0.064 6

表4.3(续)

省（区、市）	均值	中位数	最大值	最小值	标准差
四川	1.100 0	1.090 4	1.277 4	0.987 6	0.065 5
河南	1.102 5	1.104 8	1.287 4	0.894 8	0.093 3
湖北	1.103 1	1.095 0	1.370 4	0.961 5	0.092 4
重庆	1.103 1	1.103 8	1.302 6	0.906 7	0.099 9
福建	1.105 2	1.089 8	1.327 1	0.991 6	0.082 4
山东	1.110 9	1.105 2	1.302 6	0.981 7	0.081 1
安徽	1.126 8	1.100 6	1.353 7	0.964 9	0.093 3
江西	1.137 3	1.109 6	1.450 6	0.961 8	0.095 6

表4.4 各省（区、市）局内变量资产回报率的描述性统计

省（区、市）	均值	中位数	最大值	最小值	标准差
甘肃	−0.003 4	−0.001 9	0.001 9	−0.033 4	0.006 3
青海	0.001 6	0.001 6	0.017 7	−0.046 8	0.006 5
宁夏	0.001 9	0.001 8	0.005 6	−0.000 1	0.001 0
山西	0.002 9	0.002 5	0.014 9	−0.001 3	0.003 0
云南	0.003 4	0.003 3	0.012 0	−0.012 1	0.002 2
北京	0.003 8	0.003 7	0.005 8	0.000 4	0.000 9
辽宁	0.004 2	0.004 0	0.014 7	−0.001 8	0.002 4
新疆	0.004 5	0.003 7	0.029 2	−0.010 3	0.004 7
海南	0.004 8	0.004 3	0.025 1	−0.022 0	0.004 5
贵州	0.005 1	0.005 0	0.008 1	0.001 7	0.001 2
黑龙江	0.005 4	0.004 1	0.028 0	−0.007 1	0.004 9
浙江	0.005 5	0.005 5	0.007 9	0.002 5	0.000 8
内蒙古	0.005 5	0.004 8	0.014 4	−0.003 3	0.002 7
河北	0.005 9	0.005 9	0.010 7	−0.003 0	0.001 6
四川	0.006 0	0.006 0	0.010 9	0.002 4	0.001 2
安徽	0.006 2	0.006 2	0.008 6	0.002 8	0.001 0
湖北	0.006 5	0.006 5	0.009 9	0.003 4	0.001 0

表4.4(续)

省（区、市）	均值	中位数	最大值	最小值	标准差
吉林	0.006 7	0.006 7	0.018 3	−0.000 8	0.002 7
重庆	0.006 7	0.006 9	0.010 0	−0.000 2	0.001 8
广西	0.006 8	0.006 8	0.010 0	0.002 4	0.001 6
上海	0.006 9	0.007 0	0.010 5	0.003 0	0.001 1
广东	0.007 0	0.007 2	0.010 4	0.004 1	0.001 1
湖南	0.007 1	0.007 0	0.010 9	0.003 6	0.001 2
陕西	0.007 4	0.007 5	0.014 1	0.001 1	0.002 4
天津	0.007 6	0.007 2	0.016 0	−0.017 2	0.004 2
江苏	0.007 9	0.008 2	0.010 6	0.000 4	0.001 6
福建	0.008 4	0.008 3	0.013 1	0.005 6	0.001 3
山东	0.008 5	0.008 2	0.025 7	−0.023 3	0.005 5
河南	0.009 6	0.009 7	0.021 2	−0.011 6	0.005 0
江西	0.011 0	0.011 2	0.018 2	0.005 7	0.002 0

4.3.2.2 单位根检验

就经济意义而言，平稳序列受到冲击之后会在一段时间之后恢复到均衡状态，而对非平稳序列建模也容易产生伪回归现象。因此，为确保进入模型的变量是平稳的，首先对所有变量进行 ADF 单位根检验。表4.5 至表4.7 分别为各类原始序列和一阶差分序列的单位根检验结果，滞后阶数由 AIC 准则确定，最大滞后阶数设定为4。可以看出大部分变量的原始序列均不平稳，但一阶差分后均通过平稳性检①。因此对所有变量一阶差分后建立 MCSGVAR 模型。

表4.5　局内变量单位根检验结果

省（区、市）	lev	Dlev	inv	Dinv	roa	Droa
北京	−2.117 5	−6.853 5***	−3.460 3**	−6.814 6***	−5.651 1***	−12.214 6***
天津	−2.013 8	−6.424 9***	−2.733 1	−6.581 8***	−6.024 5***	−10.308 6***

① 江苏省局内变量资产负债率的一阶差分序列 ADF 检验值为−2.570 2，p 值为 0.102 8，基本可视为在 10% 的显著性水平下平稳。

表4.5(续)

省（区、市）	lev	Dlev	inv	Dinv	roa	Droa
河北	-0.870 4	-6.814 1***	-2.933 9	-6.009 0***	-5.390 3***	-7.123 5***
山西	0.119 8	-7.480 3***	-2.222 2	-4.935 1***	-1.801 5	-9.480 7***
内蒙古	-1.192 4	-7.499 5***	-2.378 7	-7.735 2***	-3.180 8*	-6.888 6***
辽宁	-1.891 0	-5.660 4***	-2.290 0	-7.019 8***	-4.676 3***	-11.055 2***
吉林	-0.461 1	-7.938 8***	-3.517 9**	-7.854 6***	-6.088 5***	-9.785 9***
黑龙江	-2.372 9	-7.172 0***	-2.095 1	-6.001 4***	-6.025 6***	-8.797 2***
上海	-2.414 3	-7.481 4***	-3.026 7	-4.590 3***	-6.498 7***	-8.811 9***
江苏	-0.523 7	-2.570 2	-2.248 5	-6.004 8***	-3.438 5*	-6.766 0***
浙江	-0.699 2	-4.128 2***	-2.143 4	-6.172 4***	-4.317 8***	-7.633 3***
安徽	-2.227 4	-8.406 8***	-2.047 2	-7.513 3***	-4.501 6***	-6.280 2***
福建	-1.789 0	-8.799 6***	-2.580 5	-6.299 6***	-5.143 2**	-6.642 0***
江西	-0.817 2	-5.474 1***	-2.437 9	-7.294 8***	-3.483 2**	-6.787 4***
山东	0.176 5	-6.092 9***	-3.281 4*	-5.561 2***	-6.556 1***	-7.155 1***
河南	-1.209 6	-4.853 4***	-2.371 9	-7.798 6***	-6.149 0***	-9.225 4***
湖北	-2.571 8	-9.426 9***	-2.538 8	-4.673 3***	-6.734 9***	-11.169 4***
湖南	-1.829 0	-6.086 4***	-4.180 2***	-4.777 1***	-5.467 0***	-7.221 2***
广东	-1.588 6	-8.158 4***	-3.226 5*	-5.255 2***	-3.562 3**	-6.671 7***
广西	-1.122 8	-5.062 1***	-3.003 1	-5.389 1***	-0.518 6	-9.419 9***
海南	-2.653 9	-8.061 7***	-2.017 2	-8.068 1***	-5.759 0***	-9.097 0***
重庆	-2.520 2	-6.922 7***	-2.454 2	-7.114 1***	-3.389 0**	-9.553 6***
四川	-4.887 3***	-8.768 8***	-1.859 2	-8.447 1***	-4.695 6***	-8.107 9***
贵州	-3.192 3*	-8.829 2***	-2.437 8	-10.705 7***	-4.994 0***	-7.577 1***
云南	-0.992 5	-6.980 3***	-2.416 0	-6.994 1***	-6.048 2***	-8.472 0***
陕西	-1.314 0	-8.261 9***	-3.141 9	-5.949 6***	-2.016 3	-7.256 7***
甘肃	-3.091 4	-8.889 5***	-3.351 4*	-4.269 1***	-8.052 2***	-7.950 6***
青海	-1.817 2	-8.887 4***	-2.831 8	-4.164 8***	-3.968 8**	-10.303 3***

表4.5(续)

省 (区、市)	lev	Dlev	inv	Dinv	roa	Droa
宁夏	0.056 7	-4.651 8***	-3.398 9	-5.275 6***	-2.698 5	-7.663 2***
新疆	-0.662 8	-3.408 3*	-2.423 3	-5.093 0***	-5.594 9***	-9.072 4***

注:变量符号的前缀 D 表示一阶差分;*** 表示 $p<0.01$,** 表示 $p<0.05$,* 表示 $p<0.1$。下同。

表4.6 局外变量单位根检验结果

省 (区、市)	levs	Dlevs	invs	Dinvs	roas	Droas
北京	-0.556 5	-5.791 6***	-2.660 9	-6.690 8***	-6.227 3***	-10.050 4***
天津	-2.029 4	-6.886 1***	-3.036 0	-7.184 9***	-5.292 6***	-11.009 3***
河北	-2.064 3	-6.932 8***	-3.052 5	-6.591 2***	-6.597 7***	-12.091 7***
山西	-1.259 1	-6.481 9***	-2.594 0	-7.199 5***	-5.181 0***	-10.597 1***
内蒙古	-1.685 3	-5.244 2***	-2.616 5	-6.188 1***	-6.150 0***	-10.302 9***
辽宁	-1.036 1	-7.096 6***	-3.265 2*	-6.351 8***	-5.773 7***	-8.078 3***
吉林	-2.245 3	-8.487 4***	-2.102 6	-5.975 5***	-5.929 3***	-8.749 4***
黑龙江	-0.461 5	-7.941 7***	-3.516 0**	-7.853 8***	-6.096 3***	-9.786 4***
上海	-1.343 9	-7.405 6***	-1.966 1	-6.384 2***	-5.026 7***	-9.590 3***
江苏	0.818 8	-5.870 1***	-3.569 6**	-3.467 1**	-6.453 0***	-6.876 8***
浙江	-1.420 1	-6.915 5***	-3.398 0*	-3.464 2**	-5.029 8***	-7.717 5***
安徽	0.102 8	-3.377 9***	-2.712 2	-4.236 8***	-3.765 8**	-9.996 2***
福建	-0.380 5	-4.719 4***	-2.023 6	-6.393 3***	-3.548 6**	-8.544 7***
江西	-2.540 1	-8.253 6***	-2.350 3	-5.696 7***	-5.253 7***	-7.179 8***
山东	-0.083 9	-3.226 2**	-2.071 3	-5.986 5***	-3.927 2**	-6.900 2***
河南	-3.013 2	-9.144 4***	-2.415 8	-7.190 6***	-6.373 4***	-10.910 6***
湖北	-1.200 6	-5.550 5***	-3.861 8**	-4.698 6***	-5.181 1***	-6.131 7***
湖南	-2.244 5	-9.256 1***	-2.507 6	-4.608 9***	-6.369 4***	-10.806 4***
广东	-1.732 7	-6.883 1***	-3.403 1*	-5.641 9***	-4.551 1**	-7.997 3***
广西	-2.520 2	-6.386 3***	-3.043 7	-5.376 5***	-5.089 3***	-8.578 8***

表4.6(续)

省 (区、市)	levs	Dlevs	invs	Dinvs	roas	Droas
海南	−0.964 3	−8.547 7***	−2.996 6	−5.209 9***	−0.526 3	−9.618 4***
重庆	−4.191 0***	−8.154 0***	−2.440 9	−7.832 3***	−1.955 7	−9.243 2***
四川	−1.706 7	−3.818 0***	−2.423 1	−6.688 7***	−5.408 2***	−8.369 8***
贵州	−3.875 9**	−5.729 3***	−2.726 0	−6.663 6***	−2.619 7	−7.388 1***
云南	−3.468 8**	−7.841 8***	−2.886 8	−9.699 7***	−4.781 0***	−8.544 3***
陕西	0.344 2	−3.954 5***	−2.808 4	−4.818 3***	−2.416 7	−8.757 1***
甘肃	−1.406 9	−8.713 0***	−2.853 5	−5.217 4***	−4.287 8***	−10.201 0***
青海	−1.214 9	−8.746 4***	−3.286 3*	−4.349 6***	−8.078 0***	−7.953 6***
宁夏	−0.506 8	−8.576 4***	−2.764 3	−4.683 3***	−7.593 5***	−7.827 3***
新疆	−1.834 4	−8.874 0***	−2.812 2	−4.193 2***	−3.989 9**	−10.300 0***

注：相较于局内变量，对每个变量符号的后缀加 s 代表局外变量，以示区别，以此类推，下同。

表4.7　全局变量原始序列与一阶差分的单位根检验结果

全局变量	Lnm2	Dlnm2	rate	Drate	lnloan	Dlnloan
统计量值	−1.088 5	−5.865 7***	−2.378 4	−7.489 7***	−1.255 9	−7.478 3***

4.3.2.3　弱外生性检验

局外变量均满足弱外生性是模型估计的前提，即 $x_{i,t}^*$ 对模型中的其他变量有长期影响。表4.8显示在5%的显著水平下，绝大部分变量的 F 值小于 F 检验临界值，满足弱外生性；而山东省的局外变量产成品存货同比发展速度的一阶差分序列在1%的显著性水平下（$F(3,83)=4.026\ 7$）满足弱外生性。

表4.8　省级单元 VARX* 模型中局外变量的弱外生性检验

省 (区、市)	F 检验	临界值	Dlevs	Droas	Dinvs	Dlnm	Dlnloan	Drate
北京	F(3,83)	2.714 6	1.536 2	0.982 7	0.457 9	0.147 9	0.106 4	1.500 2
天津	F(3,83)	2.714 6	1.126 8	0.084 8	0.664 2	0.370 3	0.363 1	0.281 6
河北	F(3,83)	2.714 6	1.065 6	1.117 7	2.496 0	0.457 5	0.175 0	0.259 1
山西	F(3,83)	2.714 6	0.764 6	0.564 0	1.101 8	0.287 0	0.435 4	0.191 6

表4.8(续)

省 (区、市)	F检验	临界值	Dlevs	Droas	Dinvs	Dlnm	Dlnloan	Drate
内蒙古	$F(3,83)$	2.714 6	0.889 1	0.931 9	2.445 7	0.651 6	0.161 9	0.371 5
辽宁	$F(3,83)$	2.714 6	0.222 6	1.625 5	0.500 3	0.272 8	0.033 6	0.254 0
吉林	$F(3,83)$	2.714 6	0.372 0	0.321 0	0.365 5	0.290 7	0.536 0	0.137 1
黑龙江	$F(3,83)$	2.714 6	0.767 8	0.725 7	0.250 9	0.808 0	0.297 0	1.012 1
上海	$F(3,83)$	2.714 6	1.453 6	0.573 7	0.591 1	0.261 0	0.489 1	0.234 7
江苏	$F(3,83)$	2.714 6	0.622 2	0.097 1	0.166 2	0.076 0	0.476 1	0.130 0
浙江	$F(3,83)$	2.714 6	0.863 4	0.549 5	1.563 3	0.382 9	0.140 0	0.426 7
安徽	$F(3,83)$	2.714 6	1.763 5	0.043 7	0.643 0	0.590 2	0.273 6	0.217 5
福建	$F(3,83)$	2.714 6	1.401 0	0.246 7	0.156 5	0.929 4	0.261 6	0.224 6
江西	$F(3,83)$	2.714 6	0.774 3	0.246 8	2.203 6	1.416 1	0.244 7	0.172 1
山东	$F(3,83)$	2.714 6	1.565 9	0.032 5	3.612 8	0.073 6	1.476 3	0.274 6
河南	$F(3,83)$	2.714 6	0.968 4	1.059 5	0.277 0	0.930 0	0.261 6	0.197 0
湖北	$F(3,83)$	2.714 6	0.405 3	0.761 0	0.608 4	0.359 0	0.287 4	0.530 6
湖南	$F(3,83)$	2.714 6	0.757 5	1.358 4	0.469 7	1.699 7	0.394 3	0.937 7
广东	$F(3,83)$	2.714 6	0.538 2	1.604 3	1.147 5	0.466 8	0.006 1	0.245 5
广西	$F(3,83)$	2.714 6	0.983 9	0.326 4	0.680 2	0.601 3	0.218 2	0.403 2
海南	$F(3,83)$	2.714 6	1.082 7	0.319 0	1.395 9	0.531 4	0.635 9	1.082 2
重庆	$F(3,83)$	2.714 6	0.640 3	0.323 0	0.497 2	0.265 9	0.140 2	0.122 7
四川	$F(3,83)$	2.714 6	0.365 6	0.296 2	0.102 3	0.153 8	0.367 6	0.150 1
贵州	$F(3,83)$	2.714 6	0.765 2	0.051 7	1.648 8	0.191 2	0.072 7	0.070 9
云南	$F(3,83)$	2.714 6	0.290 0	0.167 7	0.478 2	0.591 3	0.341 5	0.192 6
陕西	$F(3,83)$	2.714 6	0.286 8	0.030 7	1.347 6	0.749 9	0.032 2	0.446 5
甘肃	$F(3,83)$	2.714 6	0.797 4	0.062 6	1.552 9	0.633 4	0.170 0	0.444 0
青海	$F(3,83)$	2.714 6	0.157 6	0.295 7	0.487 4	0.189 6	0.403 9	0.174 9
宁夏	$F(3,83)$	2.714 6	0.137 2	0.162 3	0.145 3	0.548 3	0.135 1	0.410 1
新疆	$F(3,83)$	2.714 6	0.893 3	0.037 3	0.692 9	0.480 5	0.160 3	0.325 2

注:1. 此表汇报了显著性水平为5%时的检验 F 值;

2. 辅助回归中的滞后阶数均设为1。

4.3.2.4 同期影响

由单位根检验和弱外生性检验的结果可知，进入模型的变量均是平稳且满足要求的，后续经由一致估计和权重矩阵，便可得到 MCSGVAR 模型的估计结果。由于变量系数过多，为方便列示，这里仅展示局外变量对局内变量的同期效应，见表4.9。这些估计可以解释为局内变量和局外变量之间的影响。可以看到，这些同期影响大多是显著的，并且为正。例如，对于北京而言，其余省（区、市）产成品存货同比发展速度变化量改变1单位会引起北京产成品存货同比发展速度变化量升高0.258 0单位。这说明不同省（区、市）之间的财务行为存在交互影响。因此，货币政策区域效应的分析框架有必要讨论省域间的溢出效应。

表 4.9　局外变量对局内变量的同期影响

区域	dlev	droa	dinv	区域	dlev	droa	dinv
北京	0.171 6	0.014 1	0.258 0**	河南	0.919 3***	−0.601 4**	0.527 4***
	[1.685 6]	[0.474 0]	[2.559 4]		[5.604 7]	[−2.443 7]	[5.087 9]
天津	−0.118 3	0.195 4	0.379 7***	湖北	0.181 2**	0.499 4***	0.346 3***
	[−1.125 0]	[0.931 3]	[3.775 1]		[2.172 3]	[5.681 5]	[3.118 9]
河北	0.069 5	0.357 1***	0.445 0***	湖南	0.181 0**	0.419 0***	0.194 2***
	[1.000 3]	[4.787 3]	[4.138 5]		[2.293 9]	[6.627 6]	[2.917 3]
山西	0.109 9	0.194 1**	0.627 6***	广东	0.194 2**	0.408 2***	0.521 7***
	[0.832 1]	[2.155 6]	[5.233 8]		[2.071 9]	[9.117 4]	[6.144 2]
内蒙古	−0.052 0	0.261 2***	0.340 6**	广西	0.091 1	0.468 2***	0.070 7
	[−0.449 8]	[6.852 8]	2.546 7		[1.074 4]	[5.356 3]	[0.644 9]
辽宁	−0.029 0	0.584 0***	0.027 9	海南	−0.268 6**	1.192 8***	−0.427 3
	[−0.397 1]	[6.544 5]	[0.344 7]		[−2.613 5]	[3.384 7]	[−1.250 6]
吉林	0.576 3***	0.340 9***	−0.094 1	重庆	0.197 2**	0.304 8**	−0.123 7
	[3.612 0]	[6.445 1]	[−0.399 0]		[2.560 9]	[2.460 0]	[−1.179 9]
黑龙江	0.168 2***	0.736 1***	0.001 1	四川	−0.236 1	0.478 3***	0.232 7**
	[5.589 9]	[10.079 2]	[0.037 6]		[−0.499 5]	[7.654 2]	[2.410 5]
上海	0.221 7	−0.195 9	0.406 1***	贵州	−0.067 1	0.483 1***	−0.284 3**
	[1.080 9]	[−1.812 3]	[4.145 3]		[−0.673 8]	[6.539 8]	[−1.986 7]

表4.9(续)

区域	dlev	droa	dinv	区域	dlev	droa	dinv
江苏	0.394 5 *** [9.940 5]	0.092 4 *** [3.246 1]	0.760 4 *** [7.753 0]	云南	-0.442 9 *** [-6.196 0]	0.297 8 ** [2.084 9]	0.064 0 [0.551 9]
浙江	0.169 1 *** [4.270 1]	0.350 7 *** [9.185 9]	0.392 5 *** [4.824 1]	陕西	0.076 1 [0.846 8]	0.350 7 *** [5.589 7]	0.632 2 *** [6.908 4]
安徽	0.349 9 *** [2.944 1]	0.441 4 *** [4.930 9]	0.842 0 *** [6.310 6]	甘肃	0.084 9 [1.234 2]	-0.201 8 ** [-2.624 7]	0.476 7 *** [5.766 6]
福建	0.273 1 *** [2.984 8]	0.318 8 *** [2.658 1]	0.228 8 *** [2.977 7]	青海	-0.111 9 * [-1.930 3]	-0.041 0 ** [-2.259 7]	0.177 5 ** [2.221 9]
江西	1.169 8 *** [9.174 5]	0.505 1 *** [3.766 8]	0.592 4 *** [3.094 0]	宁夏	0.041 2 [0.287 4]	0.031 6 *** [2.780 1]	0.489 8 *** [6.550 5]
山东	0.339 1 [0.951 9]	1.427 1 *** [5.471 2]	0.209 9 ** [2.255 9]	新疆	-0.092 6 ** [-2.055 1]	0.010 3 [0.248 5]	0.083 1 ** [2.395 3]

注：方括号内为 White 异方差检验下的 t 值。

4.3.3 脉冲响应分析

只有模型稳定，脉冲响应分析才是可靠的。伴随矩阵的特征根都落在单位圆内，见图 4.1，最大特征根为 0.739 6，说明构建的模型具有稳定性，会向稳定状态收敛且收敛速度较快。

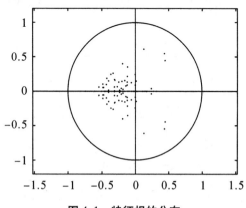

图 4.1　特征根的分布

由于系统变量较多，难以逐个分析变量之间的相互影响，此处使用脉冲响应函数反映系统其他变量受到某变量冲击时，对它的响应表现。因为结构化脉冲响应函数对各省（区、市）和变量的次序较为敏感，同时模型中包含的变量个数较多，难以用经济理论对变量次序进行约束，此处采用广义脉冲响应函数（GIRF）对货币政策的影响效应进行动态描述。

图4.2至图4.10分别显示了各省（区、市）工业企业财务数据对一个正向标准差的货币政策冲击的反应。由此可知，各省份工业企业财务波动对货币政策反应在趋势上较为相似而程度各异。

4.3.3.1　货币供应量的冲击效应

（1）对资产负债率的影响。

由图4.2可知各省（区、市）企业的资产负债率对货币供应量的响应存在差异。在货币供应量一个正向影响下，吉林、黑龙江、河南、江西、山东、湖北、湖南、四川、云南、贵州、甘肃、宁夏、新疆等地为负向响应，而后负债水平升高并趋于平稳。其余省份主要呈正向响应状态，这些省（区）企业的整体资产负债率水平在当期升高，并基本在3个月内达到峰值，在第8个月开始趋于稳定。可见，不同省（区、市）对货币供应量增加有不同反应：面对宽松的货币政策，中西部地区的企业的负债率首先会下降，偿债能力得以提高；而经济较发达的沿海地区，面对货币供应量的增长，企业会更倾向于增加负债，加大财务杠杆运作。比较而言，吉林省和四川省对货币供应量冲击的响应较其他省（区、市）而言，更为强烈，当期响应值分别为 -0.00116、-0.00028，说明随着货币供应量的上升，这两个省份企业的负债程度下降明显。四川省和吉林省分别是西部与东北部区域的代表，显然对于区域经济发展相对滞后、金融市场服务相对单一的区域来说，企业受到的货币政策冲击作用更大。

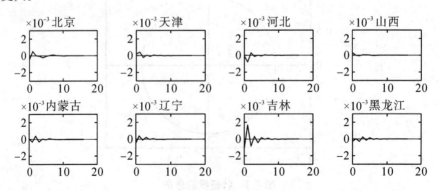

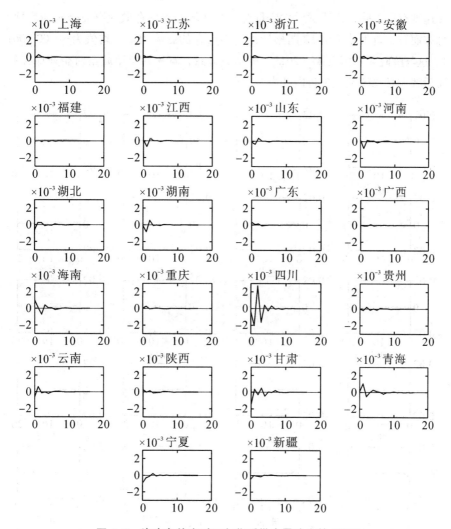

图 4-2 资产负债率对正向货币供应量冲击的 GIRF

（2）对产成品存货同比发展速度的影响。

图 4.3 所示为货币供应量一个单位正向冲击对工业企业产成品存货同比发展速度的影响。从图 4.3 中可以看出，货币供应量对各省（区、市）企业产品库存冲击的影响大部分为负，在 4 个月内达到最高，从第 8 个月开始逐步收敛并趋向稳定，负向的影响作用表明在宽松性货币政策下，企业销售较快增长带动存货增速回落，库存周转加快，货币政策带来一定的去库存效应。但是对内蒙古、辽宁、吉林、黑龙江、河南、海南、四川、贵州、宁夏、新疆等地，产成品存货同比发展速度对货币供应量的当期响应为正，而后产成品存货同比发

展速度有所下降，说明货币供应量对这些区域的去库存效应存在一定滞后性。总体而言，货币政策前12期累计冲击对库存的影响为负，均值为−0.000 061 4。这与陈晓珊和匡贺武（2017）的结论一致，宽松性货币政策对企业库存有滞后效应且总体上呈现负向冲击。

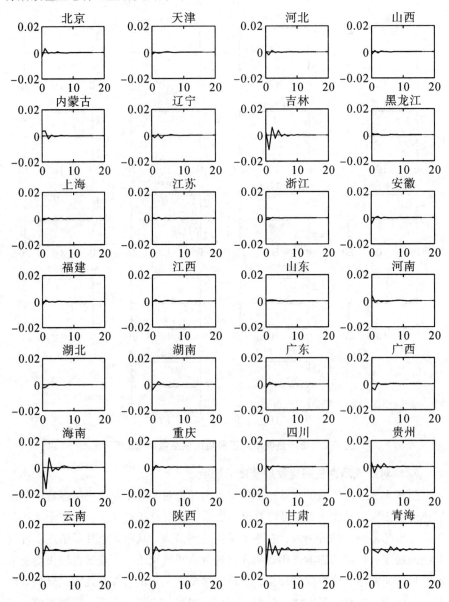

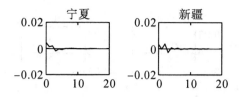

图 4.3　产成品发展速度对正向货币供应量冲击的 GIRF

（3）对各省（区、市）资产回报率的影响。

如图 4.4 所示，大部分省（区、市）企业的资产回报率对货币供应量的冲击当期响应为负，而后资产回报率上升，并在波动中趋于平稳。可以认为，当货币供应量增加，企业首先会增加负债扩大投资，资产规模增长，随着社会需求的增长，企业销售收入增加，最终企业业绩得以提升。显然面对宽松的货币政策，经过投资、生产、销售等环节才会传导至资产回报率，所以企业资产规模的扩张早于收入的增长，从而对资产回报率首先表现为负向影响进而转为正向，也即对企业业绩的正向作用有滞后效应。同时，从响应的波动幅度来看，黑龙江、海南、甘肃、青海、新疆在前 8 期的波动较为剧烈。黑龙江、海南的工业发展都较为落后，过去是以农业为主，近年来正在逐步调整产业结构；甘肃、青海的有色金属占比较大，这些行业的资产回报率会因投资额产生变化；而新疆存在重工业偏重、轻工业偏轻的格局，重工业较为依赖自然资源，轻工业技术创新能力较弱。这三个省（区）都存在工业发展不成熟、工业结构不平衡的问题，所以以它们的经济状况受到货币政策冲击时表现得更为剧烈。

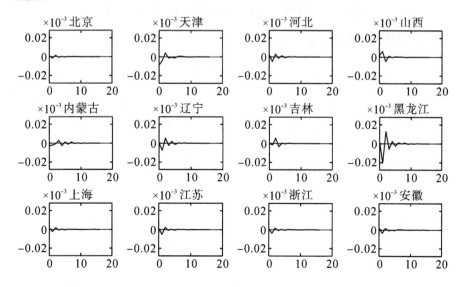

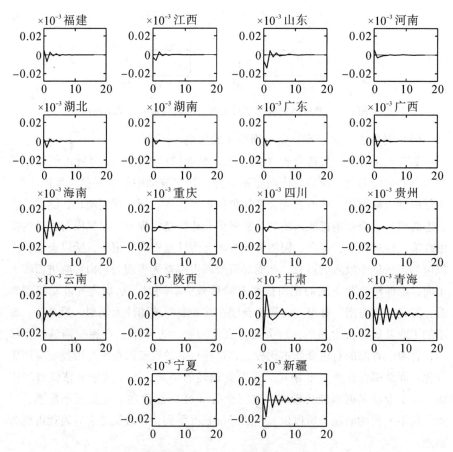

图 4.4　资产回报率对正向货币供应量冲击的 GIRF

4.3.3.2　利率的冲击效应

（1）对资产负债率的影响。

如图 4.5 所示，对于利率的升高，企业的资产负债率一般是先在当期受到负向冲击，随后资产负债率有所回升并逐渐趋于稳定，说明利率水平的上升提高了资本成本，使得企业减少负债。从资产负债对利率脉冲响应的峰值来看，甘肃省和青海省对利率冲击的响应最为强烈。两个省份都地处西北，并以化工、有色金属等高消耗、高投资的行业为主，表现出较高的反应度。

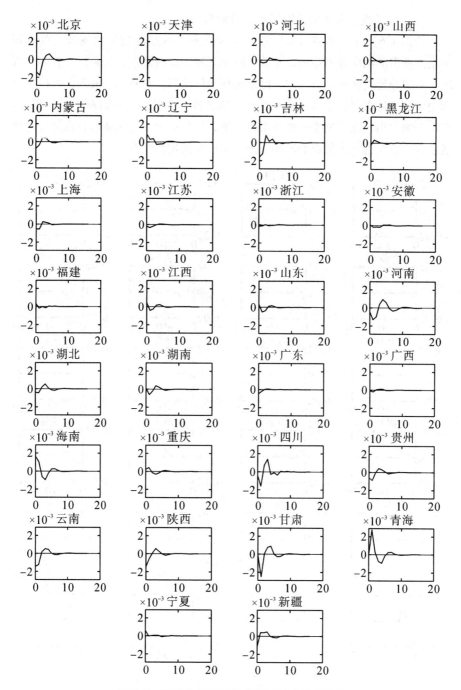

图 4.5　资产负债率对正向利率冲击的 GIRF

（2）对产成品存货同比发展速度的影响。

如图 4.6 所示，各省（区、市）工业企业产成品存货同比发展速度对利率正向冲击的响应各不相同，东北、西北区域，如内蒙古、黑龙江、甘肃、青海、新疆等地的企业，所处的金融市场环境较落后，对利率更敏感，所以在当期受到利率冲击时，会选择减少生产，降低库存。然而，在沿海一带的福建、广东等地，虽然在当期受到的冲击也为负，但是由于其金融体系较发达，对外贸易频繁，受到冲击的影响较小，能很快恢复到均衡状态。

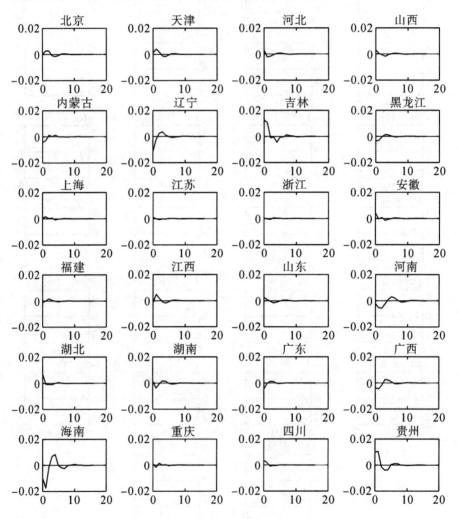

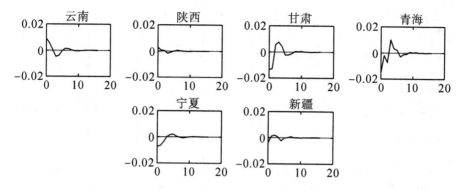

图 4.6　产成品存货同比发展速度对正向利率冲击的 GIRF

（3）对资产回报率的影响。

从图 4.7 中可以看到，整体来说，面对利率水平的调整，各省（区、市）的资产回报率当期均受到了负向影响，显示出利率对经济调整的及时性。相比于其他财务水平，利率对资产回报率的冲击较弱，其当期值、最大响应值、波动程度的影响都弱于利率对资产负债率和产成品存货同比发展速度的影响。这是因为利率的波动需要经过投资、生产、销售等环节才会传导至资产回报率，所以传导的效果会衰减。

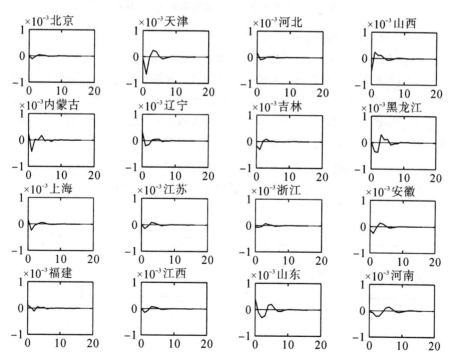

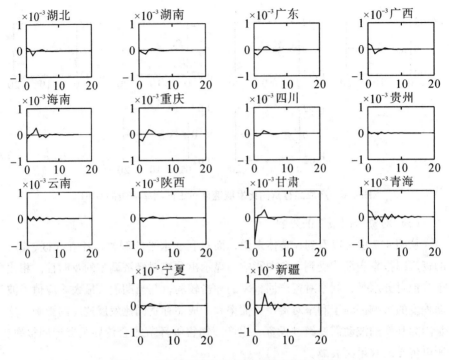

图 4.7 资产回报率对正向利率冲击的 GIRF

4.3.3.3 金融机构贷款余额的冲击

（1）对各省（区、市）资产负债率的影响。

如图 4.8 所示，对于贷款余额的正向冲击，大部分省（区、市）的企业的资产负债率在当期会上升，随后会下降并趋于稳定，这说明信贷规模的扩大会引起企业更频繁的投融资行为。从响应程度来看，贷款余额的正向波动对沿海地区的影响较小，对四川、甘肃、青海的冲击较大，这可能是因为沿海地区的金融环境更好，融资渠道更多元化，而西部地区经济发展和金融环境都较为落后，更有赖于银行贷款这类传统的间接融资手段，银行贷款余额的升高会加大此类地区的资产负债率。

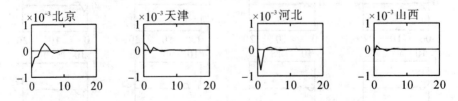

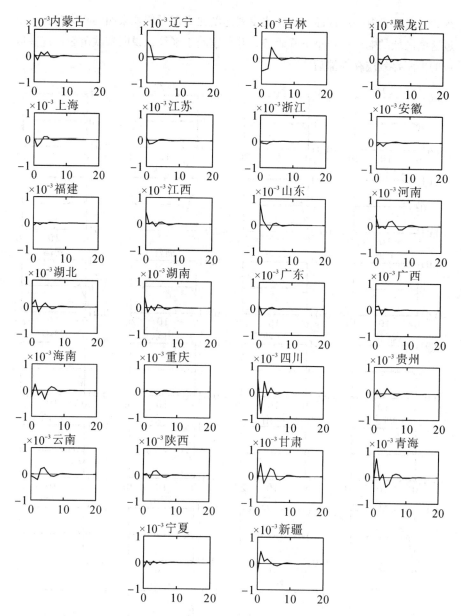

图 4.8 资产负债率对正向金融机构贷款余额冲击的 GIRF

（2）对产成品存货同比发展速度的影响。

如图 4.9 所示，大部分省域的工业企业产成品存货同比发展速度对贷款余额的当期响应为负，而后产成品存货同比发展速度的减缓程度逐渐降低并趋于平稳，说明宽松性货币政策的"去库存"效应明显。只有吉林、黑龙江、山东、甘肃、青海的产成品存货同比发展速度在当期对贷款余额的响应为正，不过这些区域的响应函数呈下降趋势，并迅速趋于平稳，说明贷款余额在这些区域的去库存效应存在滞后。

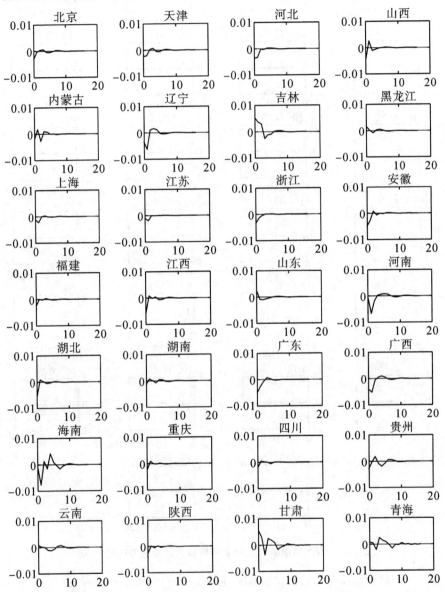

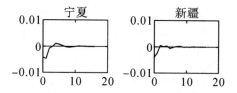

图 4.9 产成品存货同比发展速度对正向贷款余额冲击的 GIRF

（3）对资产回报率的影响。

从图 4.10 中可以发现资产回报率对金融机构贷款余额的冲击基本上呈现先下降后上升，再逐渐趋于平稳的趋势。与图 4.4 比较，金融机构贷款余额对资产回报率的冲击效应相似，但相比于货币供应量，冲击程度较轻，且存在滞后，这是因为从信贷增长、投资扩大再到带动产出与销售的增加，传导环节较多，导致信贷扩张对资产回报率的影响滞后。从纵坐标的响应程度分析，山西、黑龙江、山东、河南、云南、甘肃对金融机构贷款余额的敏感程度更高。

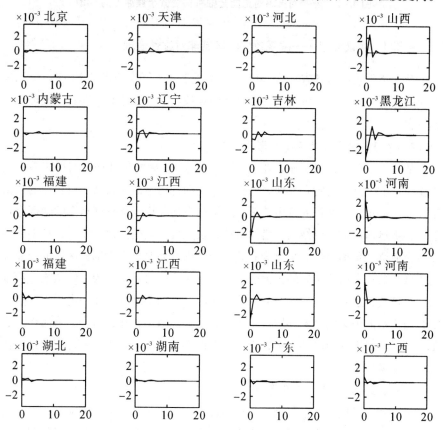

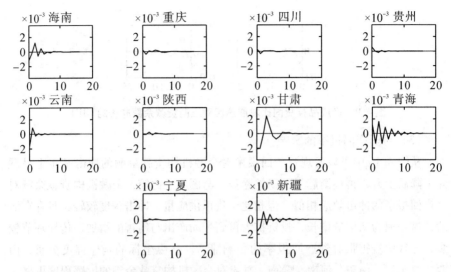

图4.10　资产回报率对正向金融机构贷款余额冲击的GIRF

4.3.4　实证结果——微观效应的区域非对称性表现

基于货币政策对各省（区、市）工业企业财务行为冲击的12期累计脉冲响应的分析，我们可以对我国货币政策微观效应的区域非对称性具体表现总结如下：

4.3.4.1　对企业负债率的影响

从货币政策冲击对工业企业资产负债率前12期的累计冲击情况来看，货币供应量的上升主要对东部地区的企业呈正向冲击，而对其余区域企业的冲击呈负向，显示面对宽松的货币政策，经济越发达、市场化程度越高的地区企业越能够更迅速调整融资结构，增加负债，扩大投资规模。比较而言，利率的改变对企业资产负债率的影响更为有效，当利率升高时全国大部分区域的企业倾向于减少负债。信贷规模的扩大引起企业更频繁的投融资行为，但从响应程度来看，信贷渠道对沿海地区企业的冲击较小，对西部地区企业冲击较大，这可能是因为沿海地区的金融环境状态更好，融资渠道多元化，信贷渠道的作用有限，而经济发展和金融环境都较为落后的西部地区，更依赖于银行贷款这类传统的间接融资手段。

4.3.4.2　对企业产品存货的影响

面对货币供应量与信贷规模的正向冲击，经济被注入大量流动性，经济交易活跃，社会需求旺盛，产品销售增长，带动存货周转加快，存货增长同比下降，存货的负向效应显示出宽松性货币政策具有一定的去库存效应，比较而言经济欠发达地区企业的去库存效应有一定滞后性。从利率的冲击影响来说，对经济欠发达地区企业的产品存货增长具有一定的负向影响，而对经济发达地区企业的负向影响较弱，且很快恢复均衡，显示出经济发展水平较低的地区对利率的调节更敏感，而市场环境较好地区的企业能够更好地应对来自利率的冲击。

4.3.4.3　对企业业绩的影响

货币供应量和金融机构贷款余额的调整，对全国大部分省（区、市）企业的资产回报率表现出先负向再正向的冲击效应，这一结果表明：一方面，当货币供应量和社会贷款增加，企业首先会增加负债扩大投资，资产规模扩大；另一方面，社会需求的增长拉动企业销售收入增加，最终企业业绩得以提升。显然面对宽松的货币政策，经过负债、投资、生产、销售等环节才会传导至企业业绩，企业资产规模的扩张早于收入的增长，从而对资产回报率首先表现为负向影响进而转为正向影响，因此，可以认为货币政策对企业业绩的影响作用具有滞后效应。与之相反，利率对各省（区、市）企业资产回报率的负向冲击更为直接，但影响幅度小于前者。此外，产业结构不平衡，投资占比较高省（区、市）的企业所受到的冲击作用更大，而经济越发达、市场环境越成熟省（区、市）的企业所受到的冲击效应相对更小。

综上可知，货币政策从两个维度产生区域非对称性：一是货币政策不同渠道对各地企业财务行为的冲击存在非对称性；二是货币政策对各地企业不同财务行为的冲击存在非对称性。

4.4　经济制度环境对货币政策区域微观效应的影响

通过上一节对货币政策微观效应的动态分析，可以发现货币渠道和信贷渠道对各区域企业的财务水平存在显著的非对称性影响，正如前文理论分析所述，货币政策的区域非对称性与区域的经济水平、政府调控、区域企业特征、区域人口特征等经济与制度环境因素息息相关。本节我们将通过实证检验，探析这些因素对货币政策传导的具体影响，以此揭示经济与制度环境在货币政策传导过程中的"黑箱"作用，这对于提升货币政策的传导效率有关键作用。

4.4.1　经济制度环境对企业财务的影响

外部环境总是作用与制约着企业的发展，相比其他因素对企业组织架构、内部管理及决策的影响更大（Daft，1988），企业的财务战略总是会根据经济环境的变化而进行调整（Mascarenhas et al.，1989），特别是企业的债务融资会显著受到外部制度因素，如市场化发展程度、税收制度和投资者保护等制度因素的影响（Faccio，2002；La Porta，2002；Giannetti，2003；Fan，2010等）。基于我国的国情，学者对企业发展的外部环境进行了定义与描述。樊纲等（2001）从政府与市场的关系、非国有经济的发展、要素市场和产品市场的发育程度、市场中介组织发育与法律制度环境五个方面构建了分省份的"中国各地区市场指数"①，成为描述外部制度环境水平的代表性成果。戈亚群等（2002）将企业外部环境划分为经济环境、政治法律环境、文化环境、技术环境与全球化趋势等，这一界定得到了学术界的普遍认同。

学者从经济制度环境出发，讨论企业外部环境对企业相关财务特征的影响，主要思路之一是金融市场发展程度及市场化程度会影响企业的融资约束水平，进而不同区域、不同性质的企业呈现出不同的财务行为特征。金融发展是影响经济增长的重要因素，金融市场通过提高资本配置效率、降低市场交易成本、监督市场运作等方式对经济增长发挥积极的作用②。

就企业的融资情况而言，学者们普遍认为金融市场发达、市场化条件充分的制度环境，能促进金融市场各层次机构与交易主体良性发展，更好地解决企业融资难问题；相反，在不完善的市场化环境下，政府大量的行政干预会导致企业的非市场竞争摩擦增加，加剧了企业的融资约束（邓可斌 等，2014）。Kunt 和 Maksimovic（1998）认为金融市场的发展有助于公司以较低成本获得更多外部资金及相关投融资的决策信息。Love（2003）指出金融完善程度越高越会降低企业的融资约束，但是二者的关系受企业规模的制约。孙铮等（2005）研究表明企业所在地的市场化程度越高，企业长期债务的比重就越低，并认为这一表现主要是由政府对企业干预程度不同造成的。Khurana（2006）指出金融市场不完善，面临较高信贷成本的情况下，企业更愿意做出内部融资的决策。Bernanke（2006）认为信息不对称是造成企业内外部融资差异的根源，而金融水平的发展会减弱这种不对称性，从而对企业的融资约束影响变得不明显。江伟和李斌（2006）发现国有企业能获得更多的长期资金，而地方市场化水平会影响国有银行的信贷歧视程度。因此，金融发展水平的提

---

① 樊纲，王小鲁，张立文.中国各地区市场化进程 2000 年报告 [J].国家行政学院学报，2001（3）：17-27.

② Levine R . Financial development and economic growth：views and agenda [J]. Journal of economic literature，1997，35（2）：688-726.

升，在一定程度上有助于化解企业融资的制约因素（饶华春，2009）。周孟亮和李明贤（2009）指出由于东部企业能够接触到全面且多样化的金融机构，当货币政策趋于宽松时，由于各种类型的金融机构尽力把资金贷款给企业以获得更多的收益，资金进入实体经济的速度更快。Almeida 和 Campello（2015）研究发现金融生态环境良好、经济往来活跃的地区，有利于缓解企业的融资约束。白云霞等（2016）通过对中美两国金融市场的比较，发现中国长期投资速度快于美国，但金融市场提供的长期融资却较少，导致中国呈现严重的投融资期限错配问题，因此，他们认为中国企业普遍存在的期限错配并不是企业节约融资成本的财务策略，而是源于中国金融市场结构的不完备及货币政策不稳定等制度缺陷。

考虑企业产权性质，较多的文献支持随着制度环境的优化，信贷市场会更偏好经营更灵活，绩效更优良的非国有企业（Loren et al.，2003；张军 等，2005），随着市场化程度的提高，对非国有企业的信贷歧视将会减弱，其与国有企业在贷款规模和贷款期限之间的差异会缩小（方军雄，2007；魏志华 等，2014；陈耿 等，2015）。邓路等（2016）的研究显示不同产权性质企业拥有的超额银行借款显著不同，而制度环境的改善可以缩小两类企业超额银行借款的差距。赵建华等（2020）对制造业企业的研究显示区域金融水平对企业融资成本的降低，在非国有制造业企业中更显著。

就企业现金持有来说，市场环境越好，企业面临的融资约束降低，企业会倾向于减少现金持有。Pinkowitz（2006）、Kalcheva（2007）、Drobetz（2010）基于跨国样本的比较研究表明在缺乏对投资者的保护、企业营运者代理问题严重和信息严重不对称的国家或区域，企业持有现金的价值较低。周伟和谢诗蕾（2007）指出在我国制度环境不完备的区域，一般情况下企业面对的融资约束可能较大，因此企业侧重于采取高额的现金持有政策以达到较高的回报率。研究普遍认为制度环境较好区域的企业持有更多的现金，二者呈正相关（罗琦等，2009；顾乃康 等，2009），同时较高的市场化水平既可以减少企业管理层持有高额现金所导致的过度投资情况（杨兴全 等，2014），也能降低企业使用现金平滑创新收入的动机，缩小国有与非国有企业之间现金的创新平滑作用的差距（杨兴全 等，2016）。陈德球等（2011）的研究认为政府质量越高的地区由于企业融资约束的缓解，企业的现金持有会越低，特别是对于民营企业。

就企业投资而言，市场化环境越优越，企业越容易增加投资进行成长扩张，但是投资规模的扩张并不一定意味着投资效率的提高。Wurgler（2000）指出金融发展不仅有助于解决企业内部的代理问题，还可以降低投资者与企业信息的不对称，提高资本配置效率。刘启亮等（2012）发现外部市场化对非政府控制企业和地方政府控制企业的内控质量有促进作用。谢军和黄志忠（2014）发现区域金融的发展能有效降低企业的贷款约束，从而激励了企业扩张投资，并能提高货币政策的效率。张超等（2015）认为货币渠道与信贷渠道分别对金融市场发展水平高和金融市场发展水平低的地区企业作用更强，且国有企业对两类渠道更具敏感性。李延喜等（2015）认为政府干预与企业投资效率负相关，但金融发展水平与法治水平的提高能显著改善企业的投资效率。赵静和陈晓（2016）研究发现，地方政府干预程度越高企业越容易出现过度投资，而地方金融发展水平和法治化水平越高却越能抑制企业的过度投资。

4.4.2 经济制度环境下货币政策的微观效应

Mundell（1961）研究认为由于各国政治、经济、区位、文化、民族、历史以及相关法律制度的不同，因此其货币政策的反馈存在区域差别，Hanson、Hurst 和 Park（2006）也认为这种差异源于各地区之间的经济金融水平、劳动力市场、自然地理等因素。从本章4.2.2的文献梳理与理论分析中，可以发现经济与制度环境的差异是引起货币政策区域非对称性的根本原因，同时本章4.4.1节也揭示了经济制度环境与企业的融资成本、投资行为及相关财务特征等方面关系显著，因此可以认为基于微观效应的货币政策区域非对称性，经济与制度环境对其具有双重影响效力。改革开放以来，由于非均衡经济战略的实施，我国各地区在经济增长、金融结构、企业特征等经济与制度环境方面存在明显差异。因此，研究货币政策微观效应的区域非对称，需要深入剖析区域的经济与制度环境的影响作用。

4.4.2.1 经济发展特征

（1）消费水平。

区域消费水平往往是区域经济发展水平的折射。一个地区经济发展势头强劲，当地的居民收入稳定，收入的高低直接决定了消费水平与消费结构。根据储蓄理论，收入的增长不仅会促使个人消费水平的提高也会增加储蓄，特别是在经济繁荣和消费水平高的地区，金融市场较为活跃，居民的金融资产配置较为丰富，他们倾向于减少货币资产，增持风险资产，如此一来资本市场的供给更为充分，有利于减轻企业的融资约束，促进企业投资，投资与消费形成良性循环。相反，在消费水平较低的区域，居民更偏好流动性资产，会增加预防性储蓄，居民所持金融资产更偏好储蓄存款，导致资产配置较为单一，对资本市场的供给产生挤压，不利于企业的直接融资，进而制约企业的投资与产出，同时较高的流动性资产对货币政策的敏感性降低，一定程度上也阻碍货币政策对微观主体的调节。因此，居民消费行为对货币政策传导的有效性有显著作用（宿玉海 等，2019）。

同时，学者们也认为经济发达地区往往市场化进程快于经济不发达地区，且其金融市场发育程度也更成熟（樊纲 等，2010；徐虹 等，2016）。因此，经济发展水平一定程度上体现了该地区的市场化程度，而市场化水平也是制约货币政策微观效应的关键因素之一。

（2）产业结构。

大量研究已证明货币政策对不同行业的作用存在显著的不对称性，其理论依据主要是不同行业的要素密集度存在着差异，资本密集型产业对资金成本和融资渠道等更敏感，因此，货币政策对这类企业的冲击作用更强，而劳动密集型产业，相对来说对资本的需求较低，受货币政策的影响也较小。杨真和崔雁冰（2018）研究显示行业的资源密集性和产品耐用性能解释货币政策行业差异的52%。

已有较多研究结论表明工业对利率的反应最敏感，服务业紧随其后，农业对利率的反应最弱（宋旺 等，2006；戴金平 等，2006；吕光明，2013；庞念伟，2016）。进一步地，刘东坡（2018）采用 TVP-SV-SFAvar 模型进行研究，发现从货币供应量来看，对第二产业冲击最大，对第一产业影响最小；从同业拆借利率来看，对第二产业影响最大，对第三产业影响最小。

为深入探究各个行业对货币政策的表现，很多学者对产业进行了细分，在工业行业内部，黑色金属、石油天然气开采业与采矿业的产出对货币政策的反应较敏感（庞念伟，2016）。特别地，学者就制造业具体行业做了大量的研究，Dedda 和 Lippi（2005）基于欧洲四国和美国数据，研究发现汽车行业对利率冲击度敏感度很高，而食品制造业的反应较小，他们认为公司规模、融资能力等因素是行业效应差异的关键因素。闫红波等（2008）将制造业进一步划分为食品制造、机械制造、黑金冶炼等，认为行业的资本密集度和对外依存度是效应差异的主要原因。王贺（2016）对29个制造业次级行业进行研究后同样发现存在非对称性，并认为行业资本密集度、资产负债率、行业规模和对外依赖性是产业效应的显著因素。

4.4.2.2　市场化水平

理论普遍认为，良好的金融市场生态环境、丰富的金融工具、充分的市场化运行、规范的政府行为和健全有效的法律体系等能更好地发挥市场对资源的配置作用，有助于货币政策的传导。因此，地区制度环境（Lin et al.，2000）、市场环境（Qian et al.，1998）和地方政府行为动机的差异（Qian et al.，2006），都导致了货币政策影响企业投融资行为的作用效果和经济结果的不同。

其中，金融市场是货币政策传递的关键因素，是货币政策作用于企业的一个"黑箱"（Bernanke et al.，1995）。发达的金融市场，投融资渠道丰富，价格信号传递灵敏，有助于降低企业外部融资成本，缓解企业融资约束压力，从而企业面对货币政策的调控时，其反馈灵活性更强，反之，处于金融市场不完备的地域，企业融资的成本对货币政策的弹性较小（Carlino et al.，1998；申俊喜 等，2011；邓可斌 等，2014；Almeida et al.，2015）。同时，金融市场发展的不同阶段，经济体对信贷市场和资本市场的发展敏感度也有不同，因此货币政策在不同融资模式下对企业的影响效应存在不同（Demirguc et al.，2013）。金融市场的结构差异是货币政策区域非对称性的主要原因之一，包括区域金融资产结构、金融市场结构、金融发展的空间结构等均可导致货币政策的区域效果差异化（周孟亮 等，2006；蒋冠 等，2009；蒋益民 等，2009）。根据区域金融理论，区域金融差异直接影响资本市场完善程度以及国有商业银行资产集中度，而区域贸易与资金流动会加剧此现象（胡振华 等，2007；常海滨 等，2007），即资金会从经济效益差的区域流向经济效益好的区域，则金融结构不合理的地区陷入恶性循环，当地企业外部融资环境不断恶化。与之相反，金融结构合理的地区，市场资源配置均衡，企业所处的外部融资环境更优越，能以更低的成本取得贷款，扩大生产和经营规模（Rajan et al.，1998）。周彬蕊等（2017）的研究表明资本市场的发展，企业直接融资渠道的丰富，将弱化企业对信贷的依赖，从而缩小了货币政策冲击对企业风险承担产生的负向影响。可见，区域金融发展水平是造成货币政策区域非对称性的关键（张晶，2006）。因此，改善区域金融市场环境，有利于增强货币政策对企业融资束缚的缓解作用，为货币政策的传导过程铺平道路（黄志忠 等，2013；谢艳 等，2019）。

另外，地方政府对企业的干预行为也对货币政策的传导产生影响。政府干预行为使得金融市场区域分割严重，资源配置偏离"生产效率准则"（Boyreau et al.，2003），因此，在货币政策紧缩、信贷资金有限的情况下，地方政府行为是信贷发放的重要决定因素之一（卞志村 等，2010）。白俊和孟庆玺（2015）的研究显示当货币政策转为紧缩时，企业投资趋于下降，但受地方政府干预较强的企业下降幅度较小，特别是在政绩诉求较高的地区表现明显，研究揭示地方政府对货币政策的干扰主要通过影响商业银行的信贷资金配置来实现。赵静和陈晓（2016）研究发现，地方政府干预程度越高企业越容易出现过度投资，而地方金融发展水平和法治化水平越高却越能抑制企业的过度投资，进一步的研究揭示紧缩性货币政策对企业过度投资的抑制作用会随着政府干预强度的增加而减弱，随着金融市场化水平的增加而变强。

LaPorta 等（1998）和 Cecchetti（1999）还指出法律体系的好坏关系到货币政策传导效果的优劣。法治的改善提高了银行放贷的积极性，降低了贷款成本，企业更易获得贷款，货币政策的传导效率也随之提高（Bae et al.，2009；魏锋 等，2009）。李延喜等（2015）认为政府干预与企业投资效率负相关，但金融发展水平与法治水平的提高能显著改善企业的投资效率。

综上所述，市场化水平对货币政策的传导至关重要，也影响着微观企业对货币政策的敏感度与反应，区域金融市场的差异是货币政策区域非对称性的关键因素，因此，加快金融生态环境建设，缩小区域市场化差异是提高货币政策效率的关键。

4.4.2.3 区域企业特征

（1）企业规模。

企业的投资与消费离不开信贷的支持。由信息不对称理论可知，中小企业更依赖于当地的金融机构开展融资活动，而大企业可通过股市等手段进行直接融资（Miskin，2013）。在货币紧缩期银行信贷资金缩减时，中小企业获得信贷资金的难度上升，所以它们更易受到货币政策的冲击；而大企业拥有更多的融资渠道，所以对货币政策的反应较小。此外，货币政策引起外部融资溢价的波动，而外部融资溢价是对信息不对称等市场摩擦的补偿，则信息不对称程度较高的小企业受到对货币政策的反应也更强烈（Bernanke et al.，1995；Oliner et al.，1996）。小企业对现金流更敏感，因而流动性对企业投资行为的约束更强（Audretscha et al.，2002；谢艳 等，2019），因此小企业和成长期企业更容易受到紧缩性货币政策的影响（Bougheas et al.，2006）。

在我国不同区域各类企业的数量、规模分布差异较大，因而一个地区的企业规模结构会影响当地对货币政策的反应（于则，2006；张辉 等，2013）。就我国目前的金融市场状况而言，大企业融资渠道丰富且在发行债券方面受到的限制相对较少，更易发行债券；而中小企业一般主要通过银行信贷融资，因此，我国中小企业对货币政策更为敏感（于则，2006；曾海舰 等，2010；王东明 等，2013）。徐文舸和包群（2016）的研究显示紧缩性货币政策对中小企业和民营企业的融资结构产生显著影响，但对大企业和国有企业的影响不明显。曹永琴（2017）的研究显示小企业对货币供给和利率的冲击更敏感，同时货币政策主要是通过信贷渠道和资产负债表渠道对不同规模的企业产生异质性影响。

（2）企业产权性质。

本书的第三章已经对企业产权性质下的货币政策非对称性效应进行了深入细致的分析，论证了国有企业与民营企业在货币政策的冲击下显著不同的反应。一般来说，国有企业在获取银行信贷资金方面有天然的优势，所以货币政策的改变不足以对其造成很大影响，货币政策对其的调控作用就大打折扣（焦瑾璞 等，2006）。本书的第三章研究已充分证明了在不同传导渠道下，货币政策对不同所有权性质企业的各类财务行为都将产生非对称性的影响。不过值得注意的是，近年来我国宏观经济政策加强了对民营企业和中小微企业的金融支持和服务，通过发行小微企业金融债券和信贷资产支持证券、建立中小微企业信用档案等措施，使民营企业和小微企业的融资局面大大改善。另外，随着银行信贷风险管理制度的完善与信用评级制度的推广，效益较差的国有企业获得贷款的难度增加。可见，制度环境的优化对货币政策的微观效应存在着间接影响效应。

结合地域来看，东部地区的国有企业、乡镇企业很早之前就开始改革，经营效益和还贷能力都有了大幅提升，银行也是乐于向其出借资金。同时东部地区民营企业萌芽早且成长迅猛，促进了民间投资市场的发展。2018 年，浙江、江苏和广东民营企业债券融资金额合计 134.2 亿元，占全国的比重达到 58.6%。以上表明，民营资本正在不断壮大。然而，在东北地区，国有工业企业数量依然可观，转型和经营压力较大，有很强的信贷脆弱性，对货币政策变化十分敏感。另外，经济落后地区的民营企业经营规模小，还贷能力不稳定，面临较高的融资约束，对货币政策变动很敏感。可见，区域企业产权性质的特征对货币政策的区域效应不可避免地发挥着影响，这也是造成货币政策区域非对性的主要因素之一。

4.4.3.4 区域人口特征

（1）受教育程度。

基于新增长理论，人力资本是区域经济发展的关键要素，当前社会各国经济发展的差异化主要产生于人力资本的不同（Lucas，1988），就业人员的专业素质和企业创新力的提升可以促进规模报酬递增，未来衡量人力资本存量的标准更看重就业者的专业能力和研发能力而不是就业者数量的增长，这是经济增长的持久动力（Romer，1990）。教育促进人力资本发展，而人力资本又促进了技术进步（许彬 等，1999）。基于此，Caselli 和 Coleman（2006）根据受教育程度将人力资本区分为初级人力资本、中级人力资本和高级人力资本，受教育程度成为目前人力资本评估的一种最直接与最有效的方式。

以受教育程度衡量的人力资本水平，体现了区域经济的发展水平与特征。Tamura（2002）研究认为，当第一产业生产占主要地位时，人力资本水平较低，而当人力资本水平提高，则工业生产技术将逐渐占主导，也即人力资本一定程度上体现了产业结构的发展水平。同时，劳动力本质上也是一种经济资源，地区人口受教育水平体现了区域的资源禀赋特征，资源的异质性推动了产业结构与经济发展水平的异质性，现有大量研究已证明人力资本是区域经济发展差异的主要原因。

另外，根据劳动学经济理论，个人的受教育程度会影响其对货币政策、通货膨胀和储蓄率的理解与偏好（Gildea，1990；Havrilesky，1990；Molisset et al.，1995）。杨汝岱和陈斌开（2013），易行建等（2015）和丁晓慧（2016）的研究均显示我国家庭的受教育程度和家庭储蓄率有显著的负向关系。此外，受教育程度也影响了个人或家庭对金融资产持有的偏好，一般理论认为高学历的投资者更偏好投资资本市场（Maniws et al.，1991；Capbell，2006）。居民和企业都是国民经济活动的微观主体，面对货币政策冲击，居民的风险偏好和金融资产组合改变时，会对市场资金流动产生影响，自然会改变货币政策对企业的微观效应。此外，从从业人员的身份来看，就业者的受教育水平是企业员工的一个重要特质，员工良好的知识技术水平能促使企业注重自身的创新力和成长性，大量研究已证实员工受教育程度与企业绩效呈正向关系（Ballot，2001；杨浩 等，2015；王娟，2016；刘红 等，2018），特别是高管的受教育程度与企业违约风险直接相关（马九杰 等，2004；谢家泉，2010）。由此可见，企业中员工的受教育程度将会对企业的财务战略产生明显影响，员工受教育程度越高的企业应对货币政策冲击的能力可能更强，从而影响到货币政策的微观效应表现。

（2）人口老龄化。

与受教育程度一致，人口老龄化也是人力资本的一种重要特征，它从个体层面影响着居民的投资、消费与储蓄等行为，进而影响到货币政策的影响效力。研究认为人口老龄化对投资、消费、储蓄等产生影响，会阻碍货币政策的传导效力（Ewijk，2006；周源 等，2015；汪伟 等，2015；李建强 等，2018）。研究已证实人口老龄化会降低利率对通货膨胀率和失业率冲击作用，会降低货币政策的效果（Imam，2015；Wong，2016；邹瑾，2017）。

从利率渠道来看，一个家庭在生命周期中会有计划地进行消费。以青年人为主导的家庭由于有教育抚养的压力，会更注重财产的积累，故更关注利率的变化（Poterba，2001；Poterba，2004）。反之，老年家庭无后顾之忧，对借贷需求较低，同时老年人口对投资谨慎，对风险厌恶，并对货币政策不甚了解，因而他们对利率变动不敏感。从信贷渠道来看，研究认为老年家庭经过一生的财富积累，家庭内部资金足以应付日常的消费，如果想借贷投资可以房屋等高值资产作为抵押，信用程度较高（Ripatti，2008）。这意味着对于老年家庭而言，融资成本不会对消费和投资造成影响，所以信贷渠道的传导效果被削弱。Gornemann 等（2014）也指出基于财富渠道的货币政策在不同财富群体之间的影响力不同，货币政策对富有群体的影响更为突出，由于老年人资产积累丰富，所以老龄化程度的加深可能会放大财富效应。Yoshino 和 Miyamoto（2017）基于日本的实践，研究认为作为老龄化率最高的国家，日本出现个人消费与投资的低迷，而宽松的货币政策对经济的促进作用却有限，他们认为人口老龄化通过压缩利率与信贷的作用范围弱化了货币政策的有效性。相似地，李建强和张淑翠（2018）的研究也认为，老龄化社会对通货膨胀的承受力较弱，从而降低货币政策对总需求的调节能力，缩小了货币政策调控空间，弱化了货币政策效力，强化了金融脆弱性。

可见，人口老龄化会改变人们的消费和储蓄行为，进而影响市场需求侧，企业的产出也会因此而改变。此外，老龄化问题还会对就业率、抚养比等社会问题产生影响，整个宏观环境的变化也会影响企业行为以及货币政策的传导。

4.4.3 研究设计

4.4.3.1 模型设定

基于前文 4.4.2 节的理论分析，经济制度环境将从经济发展水平、市场化程度、区域企业特征、区域人口特征等方面对货币政策的微观效应产生影响，为深入分析这些因素对货币政策传导机制的具体影响效果，参考 Carlino 和 Defina（1998，1999）、孔丹凤等（2007）、彭惠和全智敏（2013）的方法，将中国省域工业企业财务水平对不同传导渠道的货币政策冲击响应值与上述因素建立如下截面回归方程：

$$IRF\_M_i^j = \alpha_0 + \alpha_1 \, Lnconsu_i^j + \alpha_2 \, Industry_i^j + \alpha_3 \, Index_i^j +$$
$$\alpha_4 \, Expenditure_i^j + \alpha_5 \, Investment_i^j + \beta_6 \, SOE_i^j +$$
$$\beta_7 \, Small_i^j + \beta_8 \, Edu_i^j + \beta_9 \, Older_i^j + \varepsilon_i^j$$

其中，IRF_M 即货币政策传导渠道效力变量，包括货币供应量、利率和金融机构贷款余额。$IRF\_M_i^j$，$j = 1，2，3$；$i = 1，\cdots，30$，上标 j 表示企业财务数据，分别表示各省份工业企业资产负债率、产成品存货同比发展速度、资产回报率对货币政策变量的 12 期累计脉冲响应值，以 12 期累计脉冲响应值表示，这是因为本章 4.3.3 节的实证结果显示货币政策对企业财务水平的冲击影响在 12 期之后收敛于零；下标 i 代表省级行政单位。解释变量的选取依据本章 4.4.2 节的理论分析，具体变量见表 4.10。

4.4.1.2　变量说明

根据 4.4.2 节关于经济与制度环境因素对货币政策传导的影响分析，本书将解释变量分为经济发展特征、市场化水平、区域企业特征、区域人口特征四个维度。就变量的设计，具体为

第一，从消费水平和产业结构来反映区域经济发展特征。

第二，以王小鲁等编制的中国分省份市场化指数反映区域的市场化水平，该指数包含了政府与市场的关系、非国有经济的发展、产品市场的发育程度、要素市场的发育程度、市场中介组织的发育和法治环境五个方面的信息①，可以充分地反映我国各省份市场化整体的发展水平。

第三，从企业产权性质和企业规模两个方面来测度区域企业特征，由于数据的可得性，这里采用各省份规模以上企业的国有企业占比和小规模企业占比两个变量。通常而言，一方面，国有企业比重过高会降低企业对货币政策的敏感度，但随着国有企业改革，金融市场化建设，此现象可能会得到改善；另一方面，大量文献证明小规模企业面临较高的融资约束，所以小企业占比过高的地区受到货币政策的冲击反应更剧烈。

第四，从人口受教育程度和人口老龄化程度两个指标来反映区域人口特征。

受数据可得性的限制，以上各变量的时间范围稍有区别，并以样本时间段内的平均值作为各变量取值。为平衡量纲影响，对人均消费水平取对数。数据来源于国家统计局和地方统计年鉴，市场化指数来源于王小鲁（2018）。

货币政策传导渠道效力变量来自本章 4.3.3 节的实证结果，即各省份工业企业资产负债率、产成品存货同比发展速度、资产回报率对货币政策变量的 12 期累计脉冲响应值。具体如表 4.10 所示。

_____

① 王小鲁，樊纲，胡李鹏.中国各省份市场化指数报告（2018）［M］.北京：社会科学文献出版社，2018.

表 4.10 变量说明

变量类型	变量	符号	定义
经济发展特征	消费水平	Lnconsu	人均消费水平
	产业结构	Industry	第二产业增加值/地区生产总值
市场化水平	市场化指数	Index	市场化总指数
区域企业特征	产权性质	SOE	规模以上国有控股工业企业占比
	小企业规模	Small	规模以上小型工业企业占比
区域人口特征	受教育程度	Edu	高中学历及以上人口占比
	老龄化程度	Older	老年人口抚养比
货币政策传导效力	货币渠道的冲击效应	Mtolev	工业企业资产负债率对货币供应量的 12 期累计脉冲响应值
		Mtoinv	工业企业产成品发展速度对货币供应量的 12 期累计脉冲响应值
		Mtoroa	工业企业资产回报率对货币供应量的 12 期累计脉冲响应值
	利率渠道的冲击效应	Rtolev	工业企业资产负债率对利率的 12 期累计脉冲响应值
		Rtoinv	工业企业产成品存货同比发展速度对利率的 12 期累计脉冲响应值
		Rtoroa	工业企业资产回报率对利率的 12 期累计脉冲响应值
	信贷渠道的冲击效应	Ltolev	工业企业资产负债率对金融结构贷款余额的 12 期累计脉冲响应值
		Ltoinv	工业企业产成品存货同比发展速度对金融机构贷款余额的 12 期累计脉冲响应值
		Ltoroa	工业企业资产回报率对金融机构贷款余额的 12 期累计脉冲响应值

4.4.4 实证过程

4.4.4.1 描述性统计与相关分析

表 4.11 为所有变量的描述性统计，企业的产成品存货同比发展速度对货币供应量和信贷余额的平均响应水平（绝对值）最高，绝对值分别为 0.001 5 和 0.002 9。从解释变量来看，第二产业结构平均占比为 0.445 4；市场化指数平均为 6.427 7，但是最小值仅为 2.778 3，表明各地市场化水平差异较大；国

有企业平均占比为 10.35%；小企业占比平均为 81.62%；高中以上学历人口占比为 16.57%；老年人口抚养比平均为 13.66%。

表 4.11　描述性统计

变量	均值	标准差	最小值	最大值
Mtolev	−0.000 1	0.000 5	−0.001 3	0.000 8
Mtoinv	−0.001 5	0.003 8	−0.013 1	0.005 7
Mtoroa	−0.000 1	0.000 3	−0.000 9	0.000 2
Rtolev	−0.000 3	0.000 9	−0.002 4	0.001 5
Rtoinv	−0.000 9	0.007 8	−0.016 6	0.017 5
Rtoroa	−0.000 1	0.000 5	−0.002 4	0.000 3
Ltolev	0.000 0	0.000 4	−0.000 9	0.000 8
Ltoinv	−0.002 9	0.004 1	−0.008 1	0.008 5
Ltoroa	−0.000 1	0.000 4	−0.001 7	0.000 5
Lnconsu	9.732 8	0.362 7	9.285 8	10.677 6
Industry	0.445 4	0.075 0	0.206 8	0.524 0
Index	6.427 7	1.833 0	2.778 3	9.530 0
SOE	0.103 5	0.071 6	0.018 5	0.271 8
Small	0.816 2	0.048 6	0.702 8	0.902 5
Edu	0.165 7	0.029 8	0.104 6	0.222 1
Older	0.136 6	0.025 3	0.096 9	0.193 1

4.4.4.2　回归结果及分析

表 4.12 为回归模型结果①。

---

① 所有模型都是用了怀特异方差对解释变量系数标准误和 t 统计量进行调整，以解决可能的异方差问题。

表 4.12 回归结果汇总

变量	Mtolev (1)	Mtoinv (2)	Mtoroa (3)	Rtolev (4)	Rtoinv (5)	Rtoroa (6)	Ltolev (7)	Ltoinv (8)	Ltoroa (9)
Lnconsu	0.000 (0.67)	0.008 (1.40)	0.000 (0.29)	0.002** (2.08)	-0.016* (-1.78)	0.001* (1.87)	0.001 (1.15)	-0.001 (-0.18)	-0.000 (-0.46)
Industry	0.002 (1.05)	0.018 (1.17)	0.000 (0.51)	0.001 (0.21)	0.015 (0.66)	0.000 (0.07)	0.002* (1.95)	-0.001 (-0.06)	0.001* (1.90)
Index	0.000 (0.67)	-0.001 (-0.78)	-0.000 (-0.11)	-0.001** (-2.38)	0.005** (2.47)	-0.000* (-2.04)	-0.000 (-1.53)	-0.000 (-0.21)	0.000 (0.83)
SOE	0.002 (0.57)	-0.001 (-0.04)	-0.001 (-0.61)	-0.010* (-1.87)	0.067* (1.75)	-0.005 (-1.50)	-0.001 (-0.46)	0.023 (0.87)	0.001 (0.32)
Small	-0.005* (-1.81)	0.020 (1.01)	-0.002* (-1.97)	-0.008* (-1.93)	0.070* (1.80)	-0.004 (-1.53)	-0.002 (-0.77)	0.028 (1.01)	-0.004*** (-3.27)
Edu	-0.004 (-1.15)	-0.016 (-0.61)	-0.001 (-0.53)	0.001 (0.16)	-0.008 (-0.11)	-0.005 (-1.82)	0.001 (0.43)	0.023 (0.67)	-0.002 (-0.80)
Older	-0.000 (-0.01)	-0.018 (-0.67)	-0.001 (-0.57)	0.004 (0.69)	0.013 (0.27)	-0.000 (-0.16)	0.007* (1.91)	0.032 (0.99)	-0.000 (-0.16)
Constant	-0.002 (-0.41)	-0.089* (-1.98)	0.001 (0.51)	-0.010 (-1.07)	0.052 (0.77)	-0.005 (-1.55)	-0.005 (-1.40)	-0.023 (-0.58)	0.004 (1.09)
Observations	30	30	30	30	30	30	30	30	30
R-squared	0.355	0.301	0.183	0.301	0.314	0.276	0.254	0.214	0.243

注：括号内为 t 值；*** 表示 $p<0.01$，** 表示 $p<0.05$，* 表示 $p<0.1$，后同。

从上述回归结果可以看出，各货币政策传导渠道对企业财务行为的冲击效应与影响因素之间的显著性存在差异，以下从各维度对回归结果进行解释。

（1）经济发展特征。

实证结果显示，在10%的显著水平下，消费水平能显著影响货币政策利率渠道的微观效应。具体来说，消费水平越高的地区，经济实力越强，市场环境越成熟，货币政策传导渠道越有效，因此越能强化货币政策对企业负债、产出与绩效的调节作用。这一结果证实了前文对此的理论分析，在消费水平较低的区域，居民更偏好流动性资产，资产配置较为单一，对资本市场的供给产生挤压，会阻碍货币政策对企业的调节。

就产业结构而言，实证结果显示，产业结构能够显著影响信贷渠道对企业产品负债与盈利的冲击效应，当区域第二产业占比越高，也即资金密集型产业越多，则该地区企业对信贷资金更敏感，信贷传导渠道具有更强的影响作用，这与前述的理论分析一致。这一结果也揭示资金密集型企业对信贷资金的敏感程度大于其他货币政策传导渠道，一定程度上也说明企业融资渠道的单一，对信贷资金的依赖度较高。

（2）市场化水平。

就市场化水平来看，结果显示区域市场化水平对利率渠道的冲击效应产生显著影响，这一现象说明市场化水平越高的地区，其区域的金融市场越成熟，利率对市场的调节作用更通畅，因而市场化水平能显著影响利率渠道的冲击效应。同时，由于市场化水平较高的区域，企业资金来源渠道多元化，因此对企业响应的调节有一定的反向修正作用。

（3）区域企业特征。

回归结果显示，企业产权性质可以显著影响利率对企业负债与企业产出的冲击作用。正如上文所述，国有企业与政府之间关系紧密，在获取银行信贷资金方面有天然的优势，所以货币政策的改变不足以对其造成很大影响，货币政策对其的调控作用就会大打折扣（焦瑾璞 等，2006）。与之对应的，实证结果显示，区域国有企业占比越高，则利率渠道对企业行为的冲击有一个反向的调节，也即利率渠道对企业负债与产出的冲击会有一定缓和。以此显示我国国有企业市场化改革还有待持续推进。

就企业规模而言，理论普遍认为小企业对货币政策更为敏感，结果也显示企业规模能够对货币渠道、利率渠道与信贷渠道的冲击产生显著的影响。小企业比重与货币供应量对资产回报率的冲击显著负相关，与贷款余额对资产回报率的冲击显著负相关，说明货币政策对企业经营效益无明显改善作用。此外，小企业比重也与货币供应量对负债率、利率对负债率的冲击呈负相关，与利率对存货价值正相关，在一定程度上说明小企业在面临资金成本波动的条件下，其自身的反馈有限，不能及时做出生产行为的调节，因而会弱化利率渠道对企业产出的调节作用。

（4）区域人口特征。

实证结果显示在10%的显著性水平下，人口的受教育程度与各货币政策变量对企业财务能力的冲击无显著影响关系，说明目前我国人力资本还难以对货币政策的微观效应产生作用，这或者也可以理解为目前我国金融市场发展相对不足，投资工具单一，居民金融投资知识储备有限，金融活动参与度不足，因此居民的风险偏好和投资方式均难以对货币政策的传导产生有效的影响。

就人口老龄化而言，回归结果显示老年人口抚养比与贷款余额对资产负债率的冲击呈显著正相关关系。平均而言，老龄化每增加1单位会使资产负债率对贷款余额的响应增加0.007，弱化了宽松性货币政策的"去杠杆"效用，在一定程度上挤压了信贷渠道的调控空间。老龄化与货币供应量和利率冲击下的财务行为的系数均不显著，邹瑾（2017）的实证结果也表明老龄化对利率和货币供应量的敏感度低于Imam（2015）针对发达国家的测算。可能的原因是，我国现阶段老年群体的财富积累效应程度较低①。经济理论显示当老年群体的财富积累到一定程度时，老龄化才会对货币政策传导产生影响。另一个原因可能是我国目前养老保障体系相对不完善，投资渠道单一，代际间的资产风险偏好分化不明显，老龄化对货币政策的影响不突出。

比较模型（1）至模型（9），整体而言，区域的经济与制度环境对货币政策传导的调节作用，主要是作用于利率渠道的微观效力，而对货币渠道与信贷渠道的效力无明显影响。这也从侧面反映，一个区域经济制度环境越成熟完善，则越能发挥市场对微观企业的调节作用，且利率渠道的传导作用也更为有效。

4.4.5 稳健性检验

为保证模型结果的稳定性，本章采用改变部分解释变量的方法进行稳健性检验。第一种是用工业电力消耗量的对数（Lnele）代替第二产业占比（Industry），因为工业用电量可以用来衡量一个地区的工业发展状况，所得回归结果见表4.13。第二种是用普通高校生师比（Teach）代替高中以上人口数比例（Edu），回归结果见表4.14。第三种是用养老保险领取人数占参保人数比例（Insurance）代替老年人口抚养比（Older），所得回归结果见表4.15。从检验结果可知，除了个别变量的显著性有所改变之外，三种方式得到的结果都与主要结论一致，说明回归模型的结果具有稳健性。

---

① 中国建设银行与波士顿咨询公司（BCG）联合发布的《中国私人银行2019年报告》显示，我国高净值人群在40~49岁的占比最高，为34%；而60岁以上的人群占比为16%。

表 4.13　稳健性检验回归结果 (1)

变量	Mtolev (1)	Mtoinv (2)	Mtoroa (3)	Rtolev (4)	Rtoinv (5)	Rtoroa (6)	Ltolev (7)	Ltoinv (8)	Ltoroa (9)
Lnconsu	0.001 (1.01)	-0.001 (-0.09)	-0.001 (-1.54)	0.006*** (3.14)	-0.041** (-2.27)	0.001 (1.44)	0.002* (1.87)	-0.005 (-0.38)	-0.002 (-1.11)
Lnele	-0.000 (-0.73)	0.004* (1.99)	0.000 (1.24)	-0.001* (-1.76)	0.001 (0.43)	-0.000 (-0.44)	0.000 (0.48)	-0.001 (-0.67)	0.000 (1.52)
Index	0.000 (0.43)	-0.001 (-0.61)	0.000 (0.63)	-0.001*** (-3.09)	0.006** (2.71)	-0.000* (-2.07)	-0.000* (-2.07)	-0.000 (-0.25)	0.000 (1.17)
SOE	-0.000 (-0.05)	-0.010 (-0.42)	-0.002 (-1.61)	-0.009* (-1.91)	0.033 (0.80)	-0.005 (-1.26)	-0.001 (-0.30)	0.014 (0.45)	-0.002 (-1.31)
Small	-0.005* (-2.03)	0.019 (1.04)	-0.002** (-2.15)	-0.008** (-2.13)	0.071* (1.81)	-0.004 (-1.47)	-0.002 (-0.99)	0.029 (1.11)	-0.004*** (-3.72)
Edu	-0.003 (-0.96)	0.005 (0.20)	-0.001 (-0.30)	0.000 (0.04)	-0.012 (-0.15)	-0.005* (-1.75)	0.003 (1.00)	0.012 (0.40)	0.000 (0.00)
Older	-0.001 (-0.23)	-0.013 (-0.39)	-0.001 (-0.41)	0.002 (0.35)	0.021 (0.47)	-0.000 (-0.20)	0.006** (2.18)	0.032 (1.00)	-0.000 (-0.14)
Constant	-0.010 (-0.85)	-0.032 (-0.44)	0.011* (1.76)	-0.043** (-2.71)	0.294* (1.96)	-0.003 (-0.50)	-0.020* (-2.03)	0.033 (0.30)	0.014 (1.14)
Observations	30	30	30	30	30	30	30	30	30
R-squared	0.385	0.404	0.291	0.481	0.377	0.284	0.386	0.264	0.342

表 4.14　稳健性检验回归结果 (2)

变量	Mtolev (1)	Mtoinv (2)	Mtoroa (3)	Rtolev (4)	Rtoinv (5)	Rtoroa (6)	Ltolev (7)	Ltoinv (8)	Ltoroa (9)
Lnconsu	0.001	0.005	-0.001	0.004**	-0.046***	0.001*	0.002*	-0.014	-0.001
	(0.53)	(0.44)	(-1.50)	(2.40)	(-3.46)	(1.77)	(2.04)	(-0.96)	(-0.82)
Industry	0.001	0.026	0.001	-0.003	0.054**	-0.000	0.001	0.011	0.001
	(0.30)	(1.49)	(1.24)	(-0.71)	(2.25)	(-0.24)	(0.81)	(0.73)	(1.45)
Index	0.000	-0.002	0.000	-0.001*	0.006***	-0.000**	-0.000*	0.000	0.000
	(0.74)	(-1.08)	(0.41)	(-2.05)	(3.13)	(-2.63)	(-1.94)	(0.26)	(0.96)
SOE	0.001	0.005	-0.002	-0.010*	0.064	-0.006	0.000	0.027	-0.001
	(0.15)	(0.17)	(-1.03)	(-1.78)	(1.60)	(-1.39)	(0.01)	(0.90)	(-0.67)
Small	-0.005*	0.023	-0.002*	-0.010**	0.083**	-0.004	-0.002	0.023	-0.004***
	(-1.87)	(1.24)	(-2.08)	(-2.47)	(2.83)	(-1.39)	(-0.86)	(0.91)	(-3.11)
Teach	-0.000	-0.000	-0.000	-0.000	0.002	-0.000	0.000	-0.001*	0.000
	(-0.44)	(-0.51)	(-0.40)	(-1.03)	(1.30)	(-0.90)	(0.95)	(-1.96)	(0.29)
Older	-0.000	-0.010	-0.001	0.002	0.032	0.000	0.006*	0.040	-0.000
	(-0.04)	(-0.29)	(-0.27)	(0.52)	(0.76)	(0.07)	(2.04)	(1.46)	(-0.12)
Constant	-0.004	-0.050	0.012	-0.026	0.292**	-0.002	-0.022*	0.129	0.012
	(-0.36)	(-0.51)	(1.69)	(-1.49)	(2.26)	(-0.38)	(-2.06)	(1.02)	(0.85)
Observations	30	30	30	30	30	30	30	30	30
R-squared	0.375	0.345	0.299	0.439	0.491	0.234	0.402	0.311	0.335

表 4.15　稳健性检验回归结果（3）

变量	Mtolev (1)	Mtoinv (2)	Mtoroa (3)	Rtolev (4)	Rtoinv (5)	Rtoroa (6)	Ltolev (7)	Ltoinv (8)	Ltoroa (9)
Lnconsu	0.001	0.003	-0.001	0.005***	-0.050***	0.001	0.002*	-0.011	-0.001
	(0.55)	(0.29)	(-1.65)	(2.98)	(-3.73)	(0.96)	(1.78)	(-0.86)	(-0.96)
Industry	0.001	0.033**	0.001*	-0.004	0.055**	0.001	0.000	0.007	0.002*
	(0.35)	(2.12)	(1.87)	(-1.26)	(2.45)	(0.31)	(0.06)	(0.44)	(1.80)
Index	0.000	-0.001	0.000	-0.001**	0.007***	-0.000*	-0.000**	0.000	0.000
	(0.58)	(-0.59)	(1.00)	(-2.80)	(3.90)	(-1.75)	(-2.49)	(0.16)	(1.32)
SOE	0.001	0.009	-0.001	-0.011**	0.073*	-0.005	-0.000	0.021	-0.001
	(0.23)	(0.35)	(-0.94)	(-2.18)	(1.93)	(-1.40)	(-0.14)	(0.65)	(-0.44)
Small	-0.005*	0.025	-0.002**	-0.009**	0.076**	-0.004	-0.001	0.032	-0.004***
	(-2.01)	(1.46)	(-2.18)	(-2.47)	(2.56)	(-1.42)	(-0.74)	(1.26)	(-2.93)
Edu	-0.003	-0.025	-0.002	0.005	-0.051	-0.005	0.001	0.010	-0.002
	(-0.67)	(-0.88)	(-0.77)	(0.68)	(-0.69)	(-1.57)	(0.38)	(0.32)	(-0.59)
Older	0.001	-0.014	-0.001	0.003*	0.005	-0.001	0.002**	0.007	-0.000
	(0.58)	(-1.68)	(-1.24)	(1.79)	(0.39)	(-1.08)	(2.33)	(0.76)	(-0.45)
Constant	-0.005	-0.040	0.012*	-0.039**	0.377***	-0.000	-0.020*	0.077	0.014
	(-0.43)	(-0.47)	(1.91)	(-2.54)	(2.98)	(-0.05)	(-1.78)	(0.68)	(1.08)
Observations	30	30	30	30	30	30	30	30	30
R-squared	0.389	0.413	0.343	0.458	0.475	0.304	0.371	0.244	0.342

4.5 研究结论与启示

4.5.1 研究结论

本章关于货币政策微观效应的区域非对称性研究，主要包含了两大部分的研究内容：①货币政策的微观效应区域非对称性的表现；②经济制度环境对货币政策微观效应区域非对称性的影响。

4.5.1.1 微观效应的区域非对称性表现

本书基于我国 30 个省域的工业企业财务月度数据，建立了混合截面全局向量自回归（MCSGVAR）模型，从企业财务波动的视角检验了货币政策传导的货币渠道与信贷渠道的区域非对称性的存在与具体表现，以此得到以下几点结论：

（1）货币渠道和信贷渠道对各区域企业财务行为存在着非对称性影响，且不同区域之间的企业财务行为存在同期影响，因此将区域之间的溢出效应纳入货币政策区域效应的分析框架是十分必要的。

（2）从企业的融资行为来看，面对宽松的货币政策，经济越发达、市场化程度越高的地区企业越能够更迅速调整融资行为，灵活运用杠杆，实现规模扩张。比较来看，利率的改变对企业负债率的影响更为直接有效，当利率升高时全国大部分区域的企业倾向于降低负债水平；信贷渠道对沿海地区企业的冲击较小，对西部地区省份冲击较大，这可能是因为沿海地区的金融环境更好，融资渠道多元化，信贷渠道的作用有限，而经济发展落后和金融环境差的西部地区，更依赖于银行贷款这类传统的间接融资手段。

（3）从企业的存货投资来看，面对宽松政策，经济注入大量流动性，经济交易活跃，社会需求旺盛，产品销售增长，带动存货周转加快，存货增长同比下降，显示出宽松性货币政策具有一定的去库存效应，比较而言经济欠发达地区企业的去库存效应存在一定滞后性。从利率渠道来看，对经济欠发达地区企业的产品存货增长具有一定的负向影响，而对经济发达地区企业的负向影响较弱，且很快恢复均衡，显示出经济发展水平较低的地区对利率的调节更敏感，而市场环境较好的地区企业能够更好应对来自利率的冲击。

（4）从企业经营业绩来看，货币供应量和信贷规模的调整，对全国大部分地区企业的资产回报率表现出先负向再正向的冲击效应，这一结果表明面对宽松的货币政策，其影响效应经过负债增加、投资扩大、生产扩张、销售增长等环节才会传导至企业业绩，企业资产规模的扩张早于收入的增长，从而对企业收益率表现为先负后正的影响，因此，可以认为货币政策对企业业绩的影响作用具有滞后效应。与之相反，利率对各省份企业资产回报率的负向冲击更为直接，但影响幅度弱于前者。此外，产业结构不平衡，投资占比较高的省份企业所受到的冲击作用更强，而经济越发达，市场环境越成熟的省份企业所受到的冲击效应相对更小。

4.5.1.2 经济制度环境的影响

在此基础上，为探寻影响货币政策区域非对称性的原因，本章从经济发展特征、市场化水平、区域企业特征、区域人口特征四个维度对以上货币政策的冲击效应，进行了回归分析，由此得到如下几点结论：

（1）经济发展特征。

具体来说，消费水平越高的地区，经济实力越强，市场环境越成熟，利率渠道越有效，因此越能强化货币政策对企业负债、产出与绩效的调节作用。同时，区域资金密集型产业越多，则该地区企业对信贷资金更敏感，信贷传导渠道具有更强的影响作用，这一结果一定程度上也说明目前我国企业由于融资渠道单一，对信贷资金的依赖度较高。

（2）市场化水平。

区域市场化水平对利率渠道的冲击效应能产生显著影响，市场化水平越高的地区，其区域的金融市场越成熟，利率对市场的调节作用更通畅，同时，对于市场化水平较高的区域，企业资金来源渠道更多元化，因此对企业响应的调节呈一定的反向修正作用。

（3）区域企业特征。

正如理论分析所述，国有企业与政府之间联系更密切，在获取银行信贷资金方面有天然的优势，货币政策对其的调控作用有限。实证结果显示，区域国有企业占比越高，则利率渠道对企业负债与产出的冲击会有一定缓和。就企业规模而言，结果显示企业规模能够对货币渠道、利率渠道与信贷渠道的冲击均产生显著的影响。小企业比重与货币供应量对资产回报率的冲击显著负相关，与贷款余额对资产回报率的冲击显著负相关，说明货币政策对企业经营效益无明显改善作用。同时，小企业比重也与货币供应量对负债率、利率对负债率的冲击呈负相关，与利率对存货价值呈正相关，一定程度上说明小企业在面临资金成本波动的条件下，其自身的反馈有限，不能及时作出生产行为的调节，因而会弱化利率渠道对企业产出的调节作用。

（4）区域人口特征。

人口的受教育程度与各货币政策变量对企业财务能力的冲击无显著影响关系，说明目前我国人力资本还难以对货币政策的微观效应产生作用。老年人口抚养比与贷款余额对资产负债率的冲击呈显著正相关，在一定程度上削弱了信贷渠道的去杠杆效果。

4.5.2 启示

货币政策作为重要的经济调控措施，不仅要关注经济总产出，而且应考虑微观企业财务行为。货币政策区域非对称性的存在不仅会模糊政策的反馈效应，影响政策实施的效率，也不利于企业去杠杆、去库存，提升企业经营质量。基于我们的研究结论，我们提出以下政策建议：

4.5.2.1 促进区域经济协调发展，统筹配置各项资源

中国区域经济发展的不协调主要是产业结构、市场化程度等因素造成的。要缓解这种现象，一是各地区加快产业结构调整，优化产业布局，提高资源配置效率和生产率，利用人工智能等新兴技术从产业链的下游向上游发展，改进战略布局；二是加快市场化进程，缩小各省份在金融结构上的差异。吸引和鼓励金融机构在中西部地区发展建设，促进当地金融市场发展。这不仅有利于畅通货币渠道，改善货币供应量和利率的调控效果，而且可以实现资金的有效配置，扶持当地中小企业发展，缓解货币政策的区域非对称性；三是以"一带一路"为重点，形成双向的"嵌套型"价值环形流动，加深对外开放程度，重构全球价值链分工体系，加速我国工业的转型升级，同时，跨域的金融合作也扩宽了融资渠道。

4.5.2.2 平衡投资规模和力度，健全财政预算制度

对于政府宏观调控而言，政府应平衡投资的规模和力度，一方面鼓励非公有制经济的发展，合理分配资源，引导市场良性竞争；另一方面，建立科学、规范、透明的财政预算制度，财政赤字容易引起经济波动的扩大，应该通过政府投资引导资金流向科技产业、新兴产业，促进产业结构升级，改变经济增长方式（卞志村 等，2019）。

4.5.2.3 拓展企业融资方式，激发市场活力

拓展企业融资方式，一方面要构建完备的金融体系并建立信用市场，提升企业的融资能力；另一方面要提高各区域的开放程度，畅通要素的流动，达到带动区域经济发展，实现融资多元化，降低货币政策区域非对称性的目的。同时，政府应构建有效的产权制度继续保持对国有企业的改革力度以及对中小企

业的扶持力度，清扫导致市场公平竞争的障碍，激发市场各经济主体活力。

4.5.2.4 提升受教育程度，丰富货币政策调控手段

在完善教育体系方面，依托信息共享和知识传递，提升社会整体受教育水平。在积累人力资本的同时，实现人力资本在区域的合理配置，让人力资本成为宏观政策实施和经济稳增长的助推器。

人口结构老龄化会带来通货紧缩压力，弱化货币政策效果。方显仓和张卫峰（2019）预计我国的老龄化危机大概在 2020—2060 年出现，鉴于我国人口老龄化形势严峻，现阶段货币政策设计更应提前应对。一是总结观察老龄经济特征，适当调整货币政策，丰富调控工具；二是以货币政策促进老龄产业发展，优化我国产业结构；三是在放松生育管制、推迟退休年龄的同时提高劳动工作人口占比，缓解人口老龄化加深引发的种种不利局面。Burtless（2013）指出提高劳动参与率既能满足劳动力市场需求，又可以缓解社会和青年的养老负担，更重要的是能释放社保基金的流动性，有利于宏观调控。

5 结论与建议

5.1 结论

本书基于企业财务波动的视角定义了货币政策的微观效应，进而深入细致地考察了货币政策微观效应的非对称性问题，包括货币政策传导的货币渠道与信贷渠道对企业的偿债、营运、盈利、现金流及成长等方面的非对称影响效应，以及在产权性质及区域经济制度背景下的非对称性表现，以及经济制度环境对货币政策微观效应的区域差异的影响作用。本书的研究，不仅拓展了"货币政策非对称性"领域的研究内容，而且进一步挖掘了货币政策微观层面丰富的影响作用表现，对理解我国货币政策对微观企业的经济效果具有良好的启示意义。

本书丰富的研究内容，对应得到的各研究结果都充分证明了货币政策基于不同的传导渠道、不同的企业、不同的区域，以及企业的不同财务能力，都表现出了各种不对称性的影响效应。以下综合本书的全部研究结论，并从不同的视角加以总结。

5.1.1 货币渠道与信贷渠道的非对称性

研究结果显示，目前我国货币政策传导的货币渠道与信贷渠道均具有显著的微观有效性，相对来说，货币渠道的影响效应普遍大于信贷渠道，特别是货币渠道中的利率渠道开始发挥出更有效的影响作用，较之货币供应量和信贷规模两个渠道，利率对微观经济的调节作用更迅速。同时，信贷渠道在货币政策传导中也发挥着一定的传导作用，特别是对非国有企业与经济制度环境欠发达地区企业财务水平的调节。

这一结果初步说明目前中国金融市场发展越趋成熟与完善，货币渠道传导作用明显，利率的市场化调节功能开始凸显。但也需要关注到，由于非国有企业的发展更易受到融资条件的制约，因此信贷渠道对其的调控作用相对更明显。对于经济制度环境发展相对落后地区的企业来说，由于金融资源的不足，融资渠道的单一，现代经营理念的缺乏等，信贷渠道对企业的传导效应也较为明显。

5.1.2 对各类财务能力的非对称效应

5.1.2.1 偿债能力

整体而言，货币渠道与信贷渠道均能显著影响企业的偿债能力，在宽松性货币政策条件下，企业负债率提高。细分企业产权后，结果显示非国有企业对利率更敏感，当市场利率提高，非国有企业会缩减负债，减弱财务风险；而国有企业对资金成本不敏感，市场利率提高会使得国有企业偿债能力下降。比较而言，货币渠道对企业偿债水平的影响效应高于信贷渠道，特别是市场利率的影响作用。

5.1.2.2 营运能力

整体而言，货币政策主要通过信贷渠道对企业的营运能力产生调节，但影响作用十分有限。细分企业产权后，货币政策对营运能力的影响效应更主要体现在非国有企业，信贷规模扩张，融资约束有所缓解，能够促进企业营运能力的提高，但货币渠道的影响方向却相反，货币供应量的提高对两类企业存在一定负向影响关系，究其原因可能是企业资产规模性的扩张快于其收入的增长。

5.1.2.3 盈利能力

宏观层面模型均显示货币政策并不能对企业的盈利能力产生显著的影响作用，无论企业的所有权性质是什么。产权性质下的微观面板模型显示，货币渠道与信贷渠道对两类企业的盈利水平有一定的正向影响作用，且对国有与非国有企业的影响并没有差异。

5.1.2.4 现金流量能力

整体而言，企业现金流水平对市场利率具有高度敏感度，货币政策主要通过利率渠道对企业的现金流量能力产生显著影响。进一步地，在产权性质分类下，货币政策的货币渠道与信贷渠道对非国有企业的现金流量水平均有显著的负向调节作用，当货币政策放宽，信贷规模扩张，非国有企业会倾向于增加投资，扩大商业信用水平，从而现金流水平下降；而国有企业对货币供应量及利率并不敏感，仅能受到信贷渠道的负向调节作用，因此，比较而言，货币政策对企业现金流量水平的影响更主要体现在更受资金市场影响的非国有企业，而对国有企业的影响作用有限。

5.1.2.5 成长能力

整体而言，货币渠道与信贷渠道对企业的成长性均具有显著的正向调节作用，在宽松的货币政策下，企业资产规模得以扩大，收入增长，表现出更好的成长性，这也是货币政策对宏观经济产出影响效应的微观证据。在产权性质分类下，进一步揭示货币政策对企业成长能力的影响主要体现在对其资产规模的正向作用上，而对其利润规模的调节作用有限。比较而言，对企业成长能力，货币渠道的调节效应强于信贷渠道。

以上结果说明货币政策对企业的各类财务能力具有不同的影响方向与程度，整体而言，货币政策对企业的盈利水平与资产周转能力难以产生直接的调节作用，但对企业的融资结构、现金流水平与资金规模等具有明显的调控效应。

5.1.3 对不同产权性质企业的非对称效应

从产权性质而言，本书的研究基本证实相关理论与文献的观点，即非国有企业存在更高程度的信贷融资约束，受外部融资环境制约严重，因而受到的货币政策，特别是紧缩性货币政策的影响程度更深。

具体来说，非国有企业对利率更敏感，同时信贷渠道对非国有企业的调控作用更明显，一方面，当社会信贷规模扩大，非国有企业的融资约束得以缓解，会较国有企业在资金周转能力方面有明显改善，并加大对外投资与商业信用的使用，降低现金流持有；同时，非国有企业对市场利率更敏感，当货币政策趋紧，市场利率提高时，非国有企业会减少负债，提高现金流水平，降低财务风险水平，而国有企业则继续保持融资结构的惯性，使得偿债能力下降。另一方面，货币政策对两类企业的盈利水平和成长能力的影响没有显著差异，且都主要体现在资金规模上的扩张，而对利润水平的影响相对有限。

以上结果整体说明产权性质制约了货币政策对企业的调节作用，相对而言，货币政策对国有企业的影响有限，而对非国有企业的影响效应显著，特别是信贷渠道的调节作用。

5.1.4 对区域企业的非对称效应

对于市场化程度高、经济结构良好、制度环境相对完善的地区，当面对宽松性货币政策时，这些区域企业的正向反馈会更及时，货币政策对其的负向冲击作用也相对更小。对于经济发展水平较低、市场制度环境滞后的地区，企业更易受到信贷渠道的影响，同时对货币政策的反应有一定滞后性，受到的冲击作用更大。

首先，面对宽松的货币政策，经济制度环境发展完善的区域，企业能够更迅速地调整财务杠杆，增加负债，对于经济发展和市场环境都较为落后的地区，信贷渠道对其负债率的影响较为明显；其次，面对货币政策的正向冲击，宽松性货币政策对企业具有一定的去库存效应，但对经济欠发达地区企业的去库存效应存在一定滞后性；最后，货币政策对企业业绩的调节作用具有滞后性，产业发展不平衡、投资占比较高省份的企业所受到的冲击作用更强，而经济越发达，市场环境越成熟的区域企业所受到的冲击作用相对更小。

以上这些研究结果说明经济制度环境能直接作用于货币政策的影响效应，进一步的货币政策区域差异的影响因素分析显示：①消费水平越高，经济实力越强的区域，货币政策传导越有效，对企业负债、产出与绩效的调节作用越明显；②从产业特征来看，资金密集型企业对信贷资金的依赖度较高，明显受到信贷渠道的调节作用；③市场化程度高，金融市场发展越成熟的地区，利率对企业的调节作用越通畅，同时融资渠道的多元化也使得企业能够更好地应对货币政策的冲击；④企业产权性质明显影响货币政策效应，非国有企业有更强的融资约束问题，信贷渠道对其影响效果明显，而国有企业相对缓和；⑤企业规模也显著影响货币政策效应，货币政策对小企业经营效益无明显改善作用，并且小企业对资金成本波动反馈有限，不能及时做出生产行为的调节，从而会弱化货币政策的调节作用；⑥由于我国居民投资渠道的相对有限，居民的金融活动参与度也不足，目前居民的受教育程度还难以对货币政策传导产生有效影响；同时由于我国老龄群体的财务积累效应程度较低，仅对信贷渠道的去杠杆效用有一定弱化，对货币政策的其他影响并不突出。

5.2 政策建议

本书对我国货币政策对企业财务的非对称性传导效应进行了研究，从不同的传导渠道，不同的所有权性质企业，不同的区域环境，以及不同的财务能力的多维度视角展开，研究结果都充分证明了货币政策的微观效应具有丰富非对称性。因此，货币政策的制定必须要考虑这些对政策执行结果产生影响的制约条件，有针对性地进行政策设计，同时还要进一步大力发展金融市场，完善市场结构，加强制度建设，增强市场化水平，以此实现货币政策传导效率的提高。

重点说来，我们认为围绕货币政策的微观有效性，应重点关注三个方面的工作：一是充分利用利率渠道的传导功能，加强利率市场化建设；二是注重经济制度建设，均衡产业结构；三是关注非国有企业融资约束问题，完善金融服务功能。

5.2.1 重视利率渠道的传导机制，加强利率市场化建设

本书研究显示，在货币政策传导中货币渠道的影响作用普遍大于信贷渠道，特别是利率渠道发挥出了显著的影响作用，信号传递与效应显现更及时有效，因此，货币政策应该以价格型调控为主导，重视利率价格机制的传导作用，这也与目前学术界与实践界的观点一致（张晓慧，2017；易纲，2018；徐忠，2018；李俊江 等，2019）。基于此认识，货币政策及相关金融市场的发展应考虑以下几点：

5.2.1.1 以价格型货币政策调控为主导

从发达国家或新兴经济体的实践来看，随着资本市场与其他金融市场的深入发展，金融创新与影子银行体系的出现推动了金融多元化发展，金融脱媒程度不断加深，货币政策由数量主导型向价格主导型转变为内在要求。同时，随着信息技术与金融科技的发展，特别是数字金融的出现，很多货币支付与流通都活动在原有观测范围之外，货币统计难度加大，经济增长与价格同货币供应量之间的关系更为复杂，数量主导型货币政策已难以满足有效货币政策中介目标可测性、可控性和相关性三个标准。因此，以利率作为中介目标能更好地适应经济发展的趋势与特征。目前，推行价格型调控已成为央行货币政策的主导思路与方向。但也需要注意，货币的价格调控与数量调控也密不可分，二者是一个相互的过程①。2018 年，我国央行对货币供应量与社会融资规模不再设定具体的量化目标，而是将其纳入货币监测范畴，就诞生于此背景。

5.2.1.2 加强利率的市场化建设

中央人民银行行长易纲在 2021 年"两会"期间表示，"利率是最重要的金融要素价格，推进利率市场化改革是金融领域最重要的改革之一"，此前，央行已放开了贷款和存款利率管制，并启动了贷款市场报价利率（LPR）机制，这标志着我国利率管制已经基本取消②。LPR 机制的构建，是利率市场化建设的重要一环，为货币政策向价格型导向发展奠定了基础，也有助于提高利

---

① 周小川. 稳定推进利率市场化改革 [J]. 中国金融家，2004（Z1）：4-7.
② 引自凤凰网房产网页新闻《易纲：将继续升华 LPR 改革，推动降低贷款实际利率》，ht-tps：//baijiahao. baidu. com/s? id=1667720324587447424&wfr=spider&for=pc.

率的价格信号功能，提高利率传导的效率。

尽管当前我国已大力推进了利率市场化，但利率市场仍然存在着双轨制，官方利率与民间市场利率之间存在差异较大的情况，带来了潜在的金融风险，也影响了金融系统的安全性。并且民间资金借贷市场处于金融监管范围之外，会使得货币政策传导失灵，影响了政策的实施效率。因此，积极稳妥地推动两个市场的利率并轨，形成央行调控利率引导货币市场利率，通过货币市场再输送至债券与信贷市场，是利率市场化改革进程内在要求。在这一思路下，债券市场利率的定价作用非常重要，"深化利率市场化改革，健全基准利率和市场化利率体系，更好发挥国债收益率曲线定价基准作用，提升金融机构自主定价能力"，是未来利率市场建设的基本思路①。

5.2.1.3 增强政策信息与统计数据的披露

越来越多的学者指出，增强政策信息的披露，提高政策的透明度越来越重要，特别是货币政策，向公众发布货币政策的决策方向与目标，能帮助公众更好顺应市场形势，更好应对未来的货币政策冲击，降低政策的不确定性带来的负向效应，也能明确货币政策的调控目标。

首先，需要建立系统完善的政策信息披露制度，在公开的信息发布渠道，定点向公众披露货币政策实施的思路与背景，以及相关统计数据信息，加强与社会公众的沟通交流，引导公众预期。其次，应尽可能明确货币政策调控目标及其统计口径、操作方法等。再次，考虑到宏观经济运行的不确定性，对未来的政策实施应尽量短期性、即时性与及时性，这样一方面有利于及时调整与引导公众判断，另一方面也有利于中央银行对货币政策预期效果进行更有效的评估和预测。最后，还要提高金融统计的质量，针对复杂的市场系统与数据，完善统计制度与改进统计方法，并及时、完整地对外公布主要金融统计数据，加强对经济金融运行情况的分析和预测，从而为市场提供更有效的参考。

5.2.2 注重经济制度建设，加强产业结构优化

货币政策传导机制的有效性与作用程度直接受到了经济制度环境的影响，研究报告的结论揭示对于经济制度建设越完善，金融资源越丰富，市场化程度越高，产业结构越均衡的地区企业，货币政策的正向调控准确度越高，调控作用也越及时，而紧缩政策对企业的负向冲击也相对更小。因此，良好的经济制

---

① 摘自《中共中央 国务院关于新时代加快完善社会主义市场经济体制的意见（2020 年 5 月 11 日）》。

度环境对货币政策的传导与调控作用的发挥，有着重要意义。

5.2.2.1 提高经济高质量发展水平

经济决定金融，金融反作用于经济。习近平总书记将二者之间的关系总结为"金融活，经济活；金融稳，经济稳。经济兴，金融兴；经济强，金融强。"① 经济发展是金融发展的基础与土壤，经济发展水平高的地区，其金融发展的空间往往也较大，动力较强；反之，经济发展相对落后的地区，其金融发展的空间也较小，动力较弱。

当前，我国经济正处于由高速增长向高质量发展转变的阶段，要积极转变经济增长方式，完善经济发展结构，改革资源配置方式，提高实体经济对金融的有效需求，为金融市场良好的发展创造必要的制度保障与生长土壤。提高经济发展质量，应紧紧围绕习近平新时代中国特色社会主义思想，落实贯彻新发展理念，引导创新、鼓励创新，更要注重保护创新成果，尤其要完善公司创新制度建设，不仅要鼓励企业进行技术研发，还要鼓励企业进行管理革新，最终让创新真正成为经济社会发展的第一动力。同时，不但要充分利用相对优势，而且要考虑全国一盘棋，协调各方、各区域、各行业的协调发展，强调可持续发展的基本发展策略，最终为金融发展提供长效而坚实的基础和保障。

5.2.2.2 构建功能完备的金融市场体系

金融市场的深化发展，要构建一个功能完备、结构完整、层次丰富的金融市场体系，才能为实体经济及公众提供更多渠道、更多资金来源、更多投融资方式的金融服务。首先，构建多层次的资本市场，服务于不同类型的融资主体，不同的融资风险与融资目的，能够提供更多途径的直接融资渠道，降低企业所面临的融资约束强度。其次，推动债券市场的壮大，国债、地方债及企业各类长短期债券债均兼容并蓄，优化债券的交易市场，从而完善国债收益率曲线的定价功能。再次，推进商业银行创新改革，特别是借助当前信息技术，大力发展互联网金融，数字金融等业务，积极拓展传统银行存贷业务范围，创新银行金融产品，优化资产结构。最后，建立金融监管制度，结合金融科技等技术创新手段，不仅要大力服务于经济实体，而且要严格把控金融风险，防范各类风向，并有明确的退出机制，坚持优胜劣汰，加强金融治理功能。

5.2.2.3 加快地区产业结构优化升级

随着我国经济发展进入新阶段，高耗能、高投入、重规模扩张的发展方式

---

① 快评：经济兴 金融兴 经济强 金融强[EB/OL].[2022-05-24].http://opinion.people.com.cn/GB/n1/2019/0224/c1003-30898689.html.

也不再适应新发展的要求，同时本书也显示产业结构单一，过高比例的重工业、"重资产"的区域，对信贷资金的依赖性更强，受到的货币政策冲击更大，运行风险更高，经济发展的稳定性相对较弱。因此，加快地区产业结构优化，均衡地区产业结构布局，也是货币政策提高效力的内在要求。

首先，各地区根据当前的产业基础状况和自身的竞争优势，结合国家产业发展政策与导向，做好产业发展布局与规划，努力向高新技术产业、战略新兴产业靠拢，改造传统落后产业。其次，优化投资环境，引进资金投入，加强对区域的基础设施建设，不仅是传统基础建设，而且包括在信息技术革命下，物联网、移动支付、数据库等方面的建设。最后，人才储备是产业升级的关键因素，需要注重对高层次人才、科技人才的积极培养与引入，并提供宽松优越的创新环境，鼓励企业创新，为产业升级提供更多的服务与指导。

5.2.3　关注非国有企业融资约束问题，加强金融服务功能

本书研究显示，非国有企业由于存在更高的融资约束，受外部融资环境制约严重，因此受到的货币政策，尤其是紧缩性货币政策的影响程度更深，抗风险能力较弱。而国有企业由于政府更多的干预及国有产权预算的软约束，使得国有企业面对货币政策的冲击，有更大的应对空间，可以说货币政策对其的影响相对缓和，调控效应也相对不足。因此，为保证货币政策传导渠道的畅通，应该关注非国有企业的信贷歧视现象，以及国有企业的非市场化运作问题，才能使货币政策的调控作用机制更精准有效。

5.2.3.1　转变资金配置方式

由于产权性质的差异，我国由政府主导的金融市场的大部分资金，特别是长期资金更倾向于流向国有企业，非国有企业存在明显的信贷歧视问题。由于难以获得长期融资，而存在明显的借贷资金不足且期限错配问题，且融资成本也远远高于国有企业，从而制约了非国有经济的发展。国有企业虽然获得了更多资源，但却资金使用效率低下，容易出现非效率的过度投资情况。正是在这样的思路下，国务院对政府的资源配置方式以及相应的组织方式和监管方式等方面都提出了具体指导意见：必须要转变资金配置方式，提高金融市场的商业程度，减少政府对资源的直接配置行为，创新配置方式，更多引入市场机制和市场化手段，引导市场资金配给实体经济，配置给需要金融支持的非国有企业

与中小企业，才能提高资源配置的效率和效益①。

5.2.3.2　优化信贷结构

由于信贷资金的错配，已经影响到我国企业，特别是民营企业，以及中小微企业的生态环境，因此更需要金融部门优化信贷结构，创新货币政策工具，使金融更有效地支持重点产业与薄弱领域的经济发展。在这一背景下，目前我国央行对信贷结构优化调整的思路主要是：一是，强调信贷服务对企业发展的支持，综合考量收益与风险等因素，借助相关数据分析技术，强化对企业实质信用风险的判断，增强金融服务实体的能力；二是，保持房地产金融政策的连续与稳定，信贷政策和"房住不炒"的政策挂钩，增强住房租赁的资金活跃度，促进租赁市场的发展；三是，加大对中小微企业、绿色企业、科技企业和乡村振兴等领域的信贷支持，实现货币政策的精准滴灌。此外，在区域协调发展上做出相应的金融支持，支持经济落后地区的信贷支持。

5.2.3.3　深化国有企业市场化改革

国有企业的市场化改革，一直是我国经济制度建设的重要方面。经过多年的工作，国有企业已发展成为我国国民经济的重要支撑，为我国经济增长做出了不可忽视的功绩。但目前国企改革还存在一些问题：政企不分仍存在，行政管理色彩依然严重；国有资本监管仍矛盾重重，既存在监管缺位导致内部人控制，也存在监管过细影响企业自主经营；企业内部管理机制仍未完全市场化，市场反应不灵敏，管理效率低下。

从货币政策的有效性要求来说，为提高货币政策对国有企业的调控作用，缓解非国有企业的信贷歧视现状，国有企业市场化改革需要持续深入进行。深化国有企业市场化改革，首先，建立与国企发展相适应的员工与高管的市场聘用制度，建立市场化的激励和约束机制。其次，重新定义政企关系，减少政府对国有企业经营管理的介入，减少政府对资源的直接配置。再次，建立企业内审和信息披露制度，防微杜渐、防止企业内部腐败与不作为行为。最后，改变国有企业预算软约束现状，规范地方政府债务融资平台治理，优化国有企业内部控制制度，并规范外部监督制度。这样，才能减弱国有企业对其他经济主体的"挤出效应"，使之成为真正的市场化的参与主体，从而利率等货币政策才能够更好地发挥出经济调控与信号指向的功能。

---

① 摘自 中国中央办公厅 国务院办公厅印发《关于创新政府配置资源方式的指导意见》，2017年1月。

参考文献

[1] ANIL K KASHYAP, JEREMY C STEIN. What do a million observations on banks say about the transmission of monetary policy? [J]. American economic review, 2000, 90 (3) : 407-428.

[2] ANIL K KASHYAP, JEREMY C STEIN, DAVID W WILCOX. Monetary policy and credit conditions: evidence from the composition of external finance [J]. The American economic review, 1993, 83 (1) : 78-98.

[3] ARNOLD I J M, E B VRUGT. Firm size, industry mix and the regional transmission of monetary policy in Germany [J]. German economic review, 2004, 5.

[4] BEN S BERNANKE, ALAN S. BLINDER. The federal funds rate and the channels of monetary transmission [J]. The American economic review, 1992, 82 (4) : 901-921.

[5] BERNANKE B S, GERTLER, MARK. Inside the black box: the credit channel of monetary policy transmission [J]. Journal of economic perspectives, 1995, 9 (4): 27-48.

[6] BERNANKE B S, BLINDER, ALAN S. Credit, money, and aggregate demand [J]. Social science electronic publishing, 1988, 78 (2): 435-439.

[7] BERNANKE B S, M L GERTLER. Monetary policy and asset price volatility [J]. Economic review, 2001, 84 (9): 77-128.

[8] BETTENDORF T. Spillover effects of credit default risk in the euro area and the effects on the euro: a GVAR approach [J]. International journal of finance & economics, 2018.

[9] BOUGHEAS S, MIZEN P, YALCIN C. Access to external finance: theory and evidence on the impact of monetary policy and firm-specific characteristics [J]. Journal of banking & finance, 2006, 30 (1): 0-227.

[10] BURTLESS G. The impact of population aging and delayed retirement on

workforce productivity [R]. Center for Retirement Research at Boston College, 2013.

[11] CAPASSO SALVATORE, D' UVA MARCELLA, FIORELLI CRISTI-ANA, NAPOLITANO ORESTE. Spatial asymmetries in monetary policy effectiveness in Italian regions [J]. Spatial economic analysis, 2021 (1).

[12] CARLINO G, R DEFINA. The differential regional effects of monetary policy [J]. Journal of regional science, 1998, 80 (4): 572-587.

[13] CHEN W Y. Demographic structure and monetary policy effectiveness: evidence from Taiwan [J]. Quality & quantity, 2017, 51 (6): 2521-2544.

[14] CHUDIK A, PESARAN M H. Theory and practice of GVAR modeling [J]. CESifo working paper series, 2014.

[15] DUNGEY M, T VEHBI. The influences of international output shocks from The US and China on ASEAN economies [J]. Journal of Asian economics, 2015, 39, 59-71.

[16] EWIJK C. Ageing and the sustainability of Dutch public finances [R]. CPB Netherlands Bureau for Economic Policy Analysis, 2006.

[17] GEORGIADIS, GEORGIOS. Examining asymmetries in the transmissionof monetary policy in the euro area: evidence from a mixed cross-section global var model [J]. European economic review, 2015, 75: 195-215.

[18] HANSON M, E HURST, K PARK. Does monetary policy help least those who need it most? [R]. Wesleyan economicis working papers, 2006.

[19] HAYNE E LELAND, KLAUS BJERRE TOFT. Optimal capital structure, endogenous bankruptcy, and the term structure of credit spreads [J]. The journal of finance, 1996, 51 (3) : 987-1019.

[20] IMAM P A. Shock from graying: is the demographic shift weakening monetary policy effectiveness [J]. International journal of finance & economics, 2015, 20 (2): 138-154.

[21] KARA E, L, THADDEN. Interest rate effects of demographic changes in a new keynesian life - cycle framework [J]. Macroeconomic dynamics, 2016, 20 (01): 120-164.

[22] KIM S. International transmission of US monetary policy shocks: evidence from VAR's [J]. Journal of monetary economics, 2001, 48 (2), 339-372.

[23] KORAJCZYK R A, LEVY A. Capital structure choice: macroeconomic

conditions and financial constraints [J]. Journal of financial economics, 2003, 68 (1): 75-109.

[24] LEARY M T. Bank loan supply, lender choice, and corporate capital structure [J]. Journal of finance, 2009, 64 (3): 1143-1185.

[25] LEVINE R. Financial development and economic growth: views and agenda [J]. Journal of economic literature, 1997, 35 (2): 688-726.

[26] LOMBARDI M J, GALESI A. External shocks and international inflation linkages: a global VAR analysis [J]. Working paper series, 2009, 66 (1): 33-51.

[27] LONGSTAFF FRANCIS A, SCHWARTZ E S. A simple approach to valuing risky fixed and floating rate debt [J]. Journal of finance, 1995, 50 (3): 789-819. 50.

[28] LOWN C S., MORGAN D P. Credit effects in the monetary mechanism [J]. Social science electronic publishing, 2002, 8 (3): 217-235.

[29] MARK G, SIMON G. Monetary policy, business cycles, and the behavior of small manufacturing firms [J]. Quarterly journal of economics, 1994, 109 (2): 309-340.

[30] MUNDELL R A. A theory of optimum currency areas [J]. Amerrican economic review, 1961, 51 (4): 657-665.

[31] OLINER STEPHEN D, GLENN D R. Monetary policy and credit conditions: evidence from the composition of external finance: comment [J]. American economic review, 1996, 86 (1): 300-309.

[32] PESARAN M H, L V SMITH, R P SMITH. What if the UK or Sweden had joined the euro in 1999? An empirical evaluation using a global VAR [J]. International journal of finance and economics, 2007, 12, 55-87.

[33] POTERBA J M. Demographic structure and asset returns [J]. Review of economics and statistics, 2001, 83 (4): 565-584.

[34] QIAN Y, ROLAND G. Federalism and the soft budget constraint [J]. American economic review, 1998, 88.

[35] SCOTT I O. The regional impact of monetary policy [J]. The quarterly journal of economics, 1955, 69 (2): 269-284.

[36] STIGLITZ J E, WEISS A. Credit rationing in markets with imperfect infor-

mation [J]. American economic review, 1981, 71 (3): 393-410.

[37] SUN Y M, HEINZ F F, HO G. Cross-country linkages in Europe: a global VAR analysis [J]. IMF working papers, 2013, 13 (194): 1.

[38] TERRONES, MARCO, MENDOZA, ENRIQUE G. An Anatomy of credit booms: evidence from macro aggregates and micro data [J]. International finance discussion papers, 2008, 08 (226): 1-50.

[39] YIFU, LIN, JUSTIN, et al.. Fiscal decentralization and economic growth in China [J]. Economic development & cultural change, 2000 (10).

[40] YOSHINO N, MIYAMOTO H. Declined effectiveness of fiscal and monetary policies faced with aging population in Japan [J]. Japan & the world economy, 2017 (42): 32-44.

[41] 卞志村, 杨全年. 中国货币政策效应的区域性配给均衡分析 [J]. 金融研究, 2010, 4 (9): 34-50.

[42] 蔡婉华, 叶阿忠. 统一货币政策的区域差异化效应研究: 基于 GVAR 模型的实证检验 [J]. 云南财经大学学报, 2016, 32 (5): 96-103.

[43] 蔡卫星, 曾诚, 胡志颖. 企业集团、货币政策与现金持有 [J]. 金融研究, 2015 (2): 114-130.

[44] 曹永琴. 中国货币政策产业非对称效应实证研究 [J]. 数量经济技术经济研究, 2010, 27 (9): 18-30, 42.

[45] 曹永琴. 中国货币政策效应的区域差异研究 [J]. 数量经济技术经济研究, 2007 (9): 37-47.

[46] 曾海舰, 苏冬蔚. 信贷政策与公司资本结构 [J]. 世界经济, 2010, 33 (8): 17-42.

[47] 常海滨, 徐成贤. 我国货币政策传导机制区域差异的实证分析 [J]. 经济科学, 2007 (5): 68-78.

[48] 陈德球, 李思飞, 王丛. 政府质量、终极产权与公司现金持有 [J]. 管理世界, 2011 (11): 127-141.

[49] 陈栋, 陈运森. 银行股权关联、货币政策变更与上市公司现金管理 [J]. 金融研究, 2012 (12): 122-136.

[50] 陈飞, 赵昕东, 高铁梅. 我国货币政策工具变量效应的实证分析 [J]. 金融研究, 2002 (10): 25-30.

[51] 陈耿, 刘星, 辛清泉. 信贷歧视、金融发展与民营企业银行借款期

限结构［J］. 会计研究, 2015（4）: 40-46, 95.

　　［52］陈小悦, 徐晓东. 第一大股东对公司治理、企业业绩的影响分析［J］. 经济研究, 2003（2）: 64-74.

　　［53］陈晓珊, 匡贺武. 货币政策、利率市场化与产成品库存: 基于供给侧结构性改革视角［J］. 经济体制改革, 2017（4）: 137-144.

　　［54］程海波, 于蕾, 许治林. 资本结构、信贷约束和信贷歧视: 上海非国有中小企业的案例［J］. 世界经济, 2015（8）: 67-72.

　　［55］崔百胜, 朱麟. 基于内生增长理论与 GVAR 模型的能源消费控制目标经济增长与碳减排研究［J］. 中国管理科学, 2016（1）: 11-20.

　　［56］戴金平, 金永军. 货币政策的行业非对称效应［J］. 世界经济, 2006（7）: 46-55, 96.

　　［57］邓可斌, 曾海舰. 中国企业的融资约束: 特征现象与成因检验［J］. 经济研究, 2014, 49（2）: 47-60, 140.

　　［58］邓路, 刘瑞琪, 廖明情. 宏观环境、所有制与公司超额银行借款［J］. 管理世界, 2016, 4（9）: 149-160.

　　［59］邓永亮, 李薇. 汇率波动、货币政策传导渠道及有效性: 兼论 “不可能三角” 在我国的适用性［J］. 财经科学, 2010（4）: 1-9.

　　［60］丁攀, 胡宗义. 中国货币政策对收入不平等的区域效应: 基于 MCS-GVAR 模型的实证分析［J］. 系统工程, 2018, 36（10）: 77-86.

　　［61］丁文丽. 转轨时期中国货币政策效力区域非对称性实证研究: 基于 VAR 模型的经验分析［J］. 经济科学, 2006（6）: 22-30.

　　［62］樊纲, 王小鲁, 张立文. 中国各地区市场化进程 2000 年报告［J］. 国家行政学院学报, 2001（3）: 17-27.

　　［63］樊纲, 王小鲁, 马光荣. 中国市场化进程对经济增长的贡献［J］. 经济研究, 2011, 46（9）: 4-16.

　　［64］方军雄. 所有制、制度环境与信贷资金配置［J］. 经济研究, 2007（12）: 82-92.

　　［65］方显仓, 张卫峰. 人口老龄化与货币政策有效性: 理论演绎与跨国证据［J］. 国际金融研究, 2019（7）: 14-24.

　　［66］冯春平. 货币供给对产出与价格影响的变动性［J］. 金融研究, 2002（7）: 18-25.

　　［67］冯建, 王丹. 货币政策紧缩、资产配置与企业绩效［J］. 宏观经济

研究，2013（6）：21-28.

[68] 耿强，樊京京. 不同货币政策工具的实施效果实证分析：基于中国数据的 VAR 检验 [J]. 当代财经，2009（3）：55-61.

[69] 郝颖，辛清泉，刘星. 地区差异、企业投资与经济增长质量 [J]. 经济研究，2014，49（3）：101-114，189.

[70] 贺妍，罗正英. 产权性质、投资机会与货币政策利率传导机制：来自上市公司投资行为的实证检验 [J]. 管理评论，2017，29（11）：28-40.

[71] 胡振华，胡绪红. 金融结构差异与货币政策的区域效应 [J]. 财贸研究，2007，18（5）：73-78.

[72] 滑冬玲. 货币政策对企业生产效率的影响：不同所有制企业的对比分析 [J]. 管理世界，2014（6）：170-171.

[73] 黄佳琳，秦凤鸣. 中国货币政策效果的区域非对称性研究：来自混合截面全局向量自回归模型的证据 [J]. 金融研究，2017（12）：5-20.

[74] 黄志忠，谢军. 宏观货币政策、区域金融发展和企业融资约束：货币政策传导机制的微观证据 [J]. 会计研究，2013（1）：63-69，96.

[75] 吉亚辉，杨乐乐. 货币政策的工具类型与区域效应：基于 PVAR 的经验研究 [J]. 工业技术经济，2015，34（1）：91-99.

[76] 蒋帝文. 中美欧央行货币政策溢出效应的对比研究：基于 GVAR 模型的实证分析 [J]. 亚太经济，2019（3）：59-67，150-151.

[77] 蒋益民，陈璋. SVAR 模型框架下货币政策区域效应的实证研究：1978~2006 [J]. 金融研究，2009（4）：180-195.

[78] 蒋瑛琨，刘艳武，赵振全. 货币渠道与信贷渠道传导机制有效性的实证分析：兼论货币政策中介目标的选择 [J]. 金融研究，2005（5）：70-79.

[79] 焦瑾璞，孙天琦，刘向耘. 货币政策执行效果的地区差别分析 [J]. 金融研究，2006（3）：1-15.

[80] 金春雨，吴安兵. 金融状况视角下货币政策的区域非对称效应研究：基于 G20 国家的 PSTR 模型分析 [J]. 国际金融研究，2017（9）：14-24.

[81] 靳庆鲁，孔祥，侯青川. 货币政策、民营企业投资效率与公司期权价值 [J]. 经济研究，2012，47（5）：97-107.

[82] 孔丹凤，秦大忠. 中国货币政策省际效果的实证分析：1980—2004 [J]. 金融研究，2007（12）：20-29.

[83] 李广子，刘力. 债务融资成本与民营信贷歧视 [J]. 金融研究，

2009（12）：137-150.

[84] 李佳，陈冬兰. 金融危机下欧洲央行货币政策的区域非对称效应研究：基于 MCSGVAR 模型 [J]. 国际商务研究，2019，40（4）：77-88.

[85] 李建强，张淑翠. 人口老龄化影响财政与货币政策的有效性吗？[J]. 财经研究，2018，44（7）：16-32.

[86] 李连军，戴经纬. 货币政策、会计稳健性与融资约束 [J]. 审计与经济研究，2016（1）：75-82.

[87] 李四海，邹萍，宋献. 货币政策、信贷资源配置与金融漏洞：来自我国上市公司的经验证据 [J]. 经济科学. 2015（3）：77-88.

[88] 李延喜，曾伟强，马壮，等. 外部治理环境、产权性质与上市公司投资效率 [J]. 南开管理评论，2015，18（1）：25-36.

[89] 李焰，秦义虎，张肖飞. 企业产权、管理者背景特征与投资效率 [J]. 管理世界，2011（1）：135-144.

[90] 林毅夫，李志赟. 政策性负担、道德风险与预算软约束 [J]. 经济研究，2004（2）：17-27.

[91] 刘东坡. 动态视角下中国货币政策的结构效应分析：基于 TVP-SV-SFAVAR 模型的实证研究 [J]. 国际金融研究，2018（3）：25-34.

[92] 刘凤委，汪辉，孙峥. 股权性质与公司业绩：基于盈余管理基础上的经验分析 [J]. 财经研究，2005（6）：96-105.

[93] 刘海明，李明明. 货币政策对微观企业的经济效应再检验：基于贷款期限结构视角的研究 [J]. 经济研究，2020，55（2）：117-132.

[94] 刘伟，李连发. 企业杠杆率、债务期限与货币政策 [J]. 经济学家，2018（10）：41-48.

[95] 刘玄，王剑. 货币政策传导地区差异：实证检验及政策含义 [J]. 财经研究，2006（5）：70-79.

[96] 罗琦，许俏晖. 大股东控制影响公司现金持有量的实证分析 [J]. 统计研究，2009，26（11）：93-99.

[97] 罗正英，贺妍. 融资约束、市场化进程与货币政策利率传导效应：基于我国上市公司投资行为的实证检验 [J]. 金融评论，2015，7（3）：75-92，125.

[98] 吕光明. 中国货币政策产业非均衡效应实证研究 [J]. 统计研究，2013，30（4）：30-36.

[99] 吕建，莫敏，陈瑶雯. 我国货币政策信贷渠道的区域效应研究 [J]. 广西大学学报（哲学社会科学版），2019, 41 (2): 90-97.

[100] 马九杰，郭宇辉，朱勇. 县域中小企业贷款违约行为与信用风险实证分析 [J]. 管理世界, 2004 (5): 58-66, 87.

[101] 马文超，胡思玥. 货币政策、信贷渠道与资本结构 [J]. 会计研究, 2012 (11): 41-50, 96-97.

[102] 庞念伟. 货币政策在产业结构升级中的非对称效应 [J]. 金融论坛, 2016, 21 (6): 16-26.

[103] 彭方平，王少平. 我国利率政策的微观效应：基于动态面板数据模型研究 [J]. 管理世界, 2007 (1): 24-29.

[104] 彭惠，全智敏. 我国货币政策的区域效应研究：基于省际视角的分析 [J]. 经济学动态, 2013 (6): 80-86.

[105] 齐鹰飞. 货币政策动态传导的微观机制：基于 30 个中国工业两位数行业数据的实证研究 [J]. 经济学动态, 2013 (3): 76-82.

[106] 邱静，刘芳梅. 货币政策、外部融资依赖与企业业绩 [J]. 财经理论与实践, 2016, 37 (5): 31-37.

[107] 全怡，梁上坤，付宇翔. 货币政策、融资约束与现金股利 [J]. 金融研究, 2016 (11): 63-79.

[108] 饶品贵，姜国华. 货币政策、信贷资源配置与企业业绩 [J]. 管理世界, 2013 (3): 18-28, 53, 193.

[109] 任泽平，方思元，杨薛融. 宽货币到宽信用的传导效率 [J]. 中国金融, 2019 (7): 26-28.

[110] 申慧慧，于鹏，吴联生. 国有股权、环境不确定性与投资效率 [J]. 经济研究, 2012, 47 (7): 113-126.

[111] 申俊喜，曹源芳，封思贤. 货币政策的区域异质性效应：基于中国 31 个省域的实证分析 [J]. 中国工业经济, 2011 (6): 36-46.

[112] 盛朝晖. 中国货币政策传导渠道效应分析：1994—2004 [J]. 金融研究, 2006 (7): 22-29.

[113] 盛明泉，张敏，马黎珺，等. 国有产权、预算软约束与资本结构动态调整 [J]. 管理世界, 2012 (3): 151-157.

[114] 盛松成，吴培新. 中国货币政策的二元传导机制："两中介目标，两调控对象"模式研究 [J]. 经济研究, 2008, 43 (10): 37-51.

[115] 宋旺，钟正生．我国货币政策区域效应的存在性及原因：基于最优货币区理论的分析 [J]．经济研究，2006（3）：46-58．

[116] 宋献中，吴一能，宁吉安．货币政策、企业成长性与资本结构动态调整 [J]．国际金融研究，2014（11）：46-55．

[117] 苏冬蔚，曾海舰．宏观经济因素与公司资本结构变动 [J]．经济研究，2009，44（12）：52-65．

[118] 索彦峰，陈继明．中国货币政策的区域效应研究：来自信用观点的解释 [J]．当代经济科学，2007，29（6）：1-9．

[119] 田祥宇，闫丽瑞．银行信贷、货币渠道与资产价格：兼论货币政策中介工具选择 [J]．财贸经济，2012（9）：70-75．

[120] 汪伟，艾春荣．人口老龄化与中国储蓄率的动态演化 [J]．管理世界，2015（6）：47-62．

[121] 王昌荣，马红，王元月．基于宏观经济政策视角的我国企业负债融资研究 [J]．中国管理科学，2016，24（5）：158-167．

[122] 王东明，黄飞鸣．基于金融生态环境主体异质性对货币政策区域效应的分析 [J]．经济评论，2013（6）：89-97．

[123] 王国松，孙自胜．我国货币政策区域非对称效应分析：基于区域异质性信贷渠道的实证研究 [J]．商业经济研究，2016（2）：154-156．

[124] 王小鲁，樊纲，胡李鹏．中国各省份市场化指数报告（2018）[M]．北京：社会科学文献出版社，2018．

[125] 魏锋，沈坤荣．所有制、债权人保护与企业信用贷款 [J]．金融研究，2009（9）：26-39．

[126] 魏志华，曾爱民，李博．金融生态环境与企业融资约束：基于中国上市公司的实证研究 [J]．会计研究，2014（5）：73-80，95．

[127] 吴世农，卢贤义．我国上市公司财务困境的预测模型研究 [J]．经济研究，2001（6）：46-55，96．

[128] 肖强．我国货币政策的非对称性效应分析：基于金融状况视角 [J]．中央财经大学学报，2015（3）：41-46．

[129] 谢军，黄志忠．宏观货币政策和区域金融发展程度对企业投资及其融资约束的影响 [J]．金融研究，2014（11）：64-78．

[130] 谢艳，贺志文，杨喜孙，等．货币政策调整、区域金融发展与企业融资约束：基于货币政策的微观效应视角 [J]．区域金融研究，2019（7）：29

-35.

[131] 徐虹，林钟高，陈洁. 经济发展水平影响同属管辖并购吗：基于货币政策区域异质性效应视角的研究 [J]. 财贸研究，2016，27（5）：107-117.

[132] 徐莉萍，辛宇，陈工孟. 控股股东的性质与公司经营绩效 [J]. 世界经济，2006（10）：78-89.

[133] 徐尧，洪卫青，谢香兵. 货币政策、投融资期限错配与企业绩效 [J]. 经济经纬，2017，34（6）：135-141.

[134] 闫红波，王国林. 我国货币政策产业效应的非对称性研究：来自制造业的实证 [J]. 数量经济技术经济研究，2008（5）：17-29，42.

[135] 杨晓，杨开忠. 中国货币政策影响的区域差异性研究 [J]. 财经研究，2007（2）：4-15.

[136] 杨兴全，张丽平，吴昊旻. 市场化进程、管理层权力与公司现金持有 [J]. 南开管理评论，2014，17（2）：34-45.

[137] 杨真，崔雁冰，货币政策的行业非对称性效应研究：以制造业为例 [J]. 宏观经济研究，2018（8）：5-16.

[138] 叶康涛，祝继高. 银根紧缩与信贷资源配置 [J]. 管理世界，2009（1）：22-28，188.

[139] 于则. 我国货币政策的区域效应分析 [J]. 管理世界，2006（2）：18-22.

[140] 战明华，应诚炜. 利率市场化改革、企业产权异质与货币政策广义信贷渠道的效应 [J]. 经济研究，2015，50（9）：114-126.

[141] 张红，李洋. 房地产市场对货币政策传导效应的区域差异研究：基于 GVAR 模型的实证分析 [J]. 金融研究（2）：118-132.

[142] 张晶. 我国货币财政政策存在区域效应的实证分析 [J]. 数量经济技术经济研究，2006（8）：39-46.

[143] 张靖佳，刘澜飚，马雪卓. 量化宽松政策对我国企业债务风险的差异性影响 [J]. 经济学动态，2020（3）：52-68.

[144] 张西征，刘志远，王静. 货币政策影响公司投资的双重效应研究 [J]. 管理科学，2012，25（5）：108-119.

[145] 赵静，陈晓. 货币政策、制度环境与企业投资结构 [J]. 科研管理，2016，37（9）：123-135.

[146] 赵振全，于震，刘淼. 金融加速器效应在中国存在吗？[J]. 经济

研究，2007（6）：27-38．

[147] 周孟亮，王凯丽．货币政策传导机制理论中的结构因素及其应用分析 [J]．中央财经大学学报，2006（1）：47-51．

[148] 周小川．稳定推进利率市场化改革 [J]．中国金融家，2004（Z1）：4-7．

[149] 周英章，蒋振声．货币渠道、信用渠道与货币政策有效性：中国1993—2001年的实证分析和政策含义 [J]．金融研究，2002（9）：34-43．

[150] 祝继高，陆正飞．货币政策、企业成长与现金持有水平变化 [J]．管理世界，2009（3）：152-158，188．

[151] 邹瑾．人口老龄化与货币政策效力：基于新兴经济体的实证分析 [J]．当代财经，2017（3）：3-13．